왜 우리는 차별과 혐오에
지배당하는가?

왜 우리는 차별과 혐오에 지배당하는가?

제1판 제1쇄 발행일 2024년 11월 13일

글 _ 이라영, 오인영, 김희교, 김형수, 손희정, 박홍규, 구정화
기획 _ 인권연대, 책도둑(박정훈, 박정식, 김민호)
디자인 _ 채홍디자인
펴낸이 _ 김은지
펴낸곳 _ 철수와영희
등록번호 _ 제319-2005-42호
주소 _ 서울시 마포구 월드컵로 65, 302호(망원동, 양경회관)
전화 _ 02) 332-0815
팩스 _ 02) 6003-1958
전자우편 _ chulsu815@hanmail.net

ISBN 979-11-7153-020-5 43300

철수와영희 출판사는 '어린이' 철수와 영희, '어른' 철수와 영희에게 도움 되는 책을
펴내기 위해 노력합니다.

왜 우리는
차별과 혐오에
지배당하는가?

기획

인권연대

글

이라영, 오인영, 김희교, 김형수,
손희정, 박홍규, 구정화

철수와영희

머리말
존엄하고 가치 있는 삶을 일깨우는 소리

좋은 책으로 만나게 되어 기쁩니다. 이 책이 말하려는 주제는 '차별과 혐오'입니다. 알고 계시는 것처럼 차별과 혐오의 대상은 우리와 똑같은 사람입니다. 극히 일부겠지만 남성 중에서는 여성을 차별하고 혐오 대상으로 여기는 사람도 있답니다. 여성이 특혜를 받고 있다는 이유를 내세우지만, 한국은 유감스럽게도 경제협력개발기구(OECD) 가입국 중에서 같은 일을 할 때(동일 노동) 성별 간 임금 격차가 가장 큰 나라입니다. 여성이 당하는 차별이 얼마나 많은지 따져보기 어려울 정도입니다. 그런데도 일부 남성은 여성을 차별하는 게 당연하다고 여기기도 하고, 심지어 혐오까지 일삼고 있기도 합니다. 누군가를 차별하고 혐오하는 데에 합리적인 까닭은 없습니다. 일정하게는 감정의 영역이겠지만, 합리보다는 비합리, 상식보다는 몰상식의 영역이기 때문입니다.

　서로 아끼고 사랑하고, 또 존중하고 배려하며 재미있게 살아도 짧은 인생인데, 왜 다르다는 이유만으로 어떤 사람들을 미워하고 그 사람들이 받는 차별을 당연한 것처럼 여기는 걸까요?

　여러 가지 이유가 있겠지만, 차별과 혐오의 까닭은 하나로 모이는 것 같습니다. 그건 바로 '자존감' 문제입니다. 어떤 이유에서든 자신을 존중하는, 곧 자존감이 있는 사람에게는 다른 사람을 차별하거나 혐오할 까닭이 없습니다. 나란 존재가 다른 사람과의 관계를 통해서 입증되어야 하는 것도 아니고, 누군가의 존재를 무시하거나 깔본다고 내가 특별히 나아질 것도 없기 때문입니다.

　다수의 교육 전문가들이 교육의 목적을 '자존감 형성'으로 꼽는 이유도 같은 까닭일 것입니다. 비싸고 큰 차를 갖고 있느냐 그렇지 않느냐로 사람을 따진다면 값싼 자동차를 갖고 있거나 아예 차가 없는 사람은 스트레스를 받겠지요. 뭔가 열등한 인간이라는 열패감을 안고 살아야 할지도 모릅니다. 그런데 돈이 많고 적고를 떠나 자동차에 아예 관심이 없는 사람, 원래 걷는 것을 좋아하며 대중교통을 선호하고 자동차 운전은 싫어하는 사람이라면 자동차 가격으로 '사람 값'을 따지는 분위기를 이해할 수 없을 겁니다. 그런 세태에 휩쓸리지 않는 '자존감'을 지닌 사람에게는 괜히 비싼 자동차를 몰고 다니며 으스대는 사람이 오히려 이상하게 보일 겁니다. 기준과 가치관이 서로 다르기 때문입니다.

이 책은 청소년들은 물론, 청소년들과 일상적으로 함께 지내는 여러 선생님, 그리고 시민들을 위해 준비했습니다. 부디 아무것도 아닌 이유로 다른 사람을 차별하지 말자, 혐오해선 안 된다는 이야기를 나누고 싶었습니다. 당장은 내가 누군가를 차별한다 해도, 거대한 차별과 혐오의 구조 속에서는 거꾸로 나도 차별과 혐오의 대상이 될 수 있다는 이야기를 함께 나누고 싶었습니다. 인종주의를 지구 밖으로 쫓아내지 않고는 지구상에 사는 그 누구도 인종주의에서 자유로울 수 없습니다. 한국인은 인종주의의 피해자이지만, 가해자가 되기도 합니다. 우리를 피해자로 생각하지만, 우리가 못되게 구는 경우도 많습니다. 사람은 누구나 존엄하고 가치 있다는 대한민국 헌법의 원칙을 되새겨야만 이런 인종주의의 함정에서 빠져나올 수 있습니다.

이라영, 오인영, 김희교, 김형수, 손희정, 박홍규 그리고 구정화 선생님의 글을 한데 모았습니다. 사실 이름만 들어도 가습이 설렐 정도로, 우리 사회에서 빛과 소금의 역할을 하며 우리 사회를 건강한 방향으로 이끌어주신 분들입니다. 한 문장 한 문장 곱씹어 읽어볼 만합니다. 또한 읽는 재미에 더해 우리가 어떤 태도와 자세를 갖춰야 할지도 분명하게 일깨워줍니다. 참 고마운 책입니다. 이 책이 나올 때까지 고생한 많은 분, 특별히 이 책의 주인공이신 저자분들과 철수와영희 출판사분들께 감사드립니다.

오창익 (인권연대 사무국장) 드림

차례

권력의 말을 부수는
저항의 말

이라영

● 이라영

예술사회학 연구자. 문화평론가. 예술과 정치, 그리고 먹을 것을 고민한다. 지은 책으로『말을 부수는 말』,『환대받을 권리, 환대할 용기』,『진짜 페미니스트는 없다』,『타락한 저항』,『정치적인 식탁』,『폭력의 진부함』,『여자를 위해 대신 생각해줄 필요는 없다』등이 있다.『비거닝』과『여자를 모욕하는 걸작들』에 공저자로,『우리는 다 태워버릴 것이다』에 공역자로, 연극 〈식사〉에 공동 창작자로 참여했다.

권력의 말을 부수는 저항의 말

안녕하세요, 이라영입니다. 오늘 전태일 기념관에 들어서면서 '이달의 열사'로 소개된 고 권미경 노동열사 사진을 보았습니다. 마침 제가 제 책『여자를 위해 대신 생각해줄 필요는 없다』에서 한번 소개한 적이 있어서 무척 반가웠습니다. 이분은 1991년도에 노동 착취에 항거하면서 건물 옥상에서 투신했어요. 당시 팔에 "내 이름은 공순이가 아니라 미경이다"라고 쓴 글을 남기고 몸을 던졌습니다. 회사 측이 강제로 잔업을 시키거나 '일 더 하기 운동' 등을 통해 노동자들을 쥐어짜내고 있는 상황이었습니다. 노동자를 굉장히 착취했던 시절이었어요.

사라진 언어와 반지성주의

당시 노동자들은 이름이 지워진 존재였습니다. 이름 대신 공돌이, 공순이로 불렸습니다. 인간으로서 모멸감을 느낄 수밖에 없었습니다. 인격체가 아닌 멸시의 존재로서 살았기에 투신하는 순간에도 "나는 공순이가 아니다!"라며 자신의 이름을 되찾고 싶었던 겁니다. 오늘 제가 말씀드릴 주제가 '권력의 말을 부수는' 저항의 말입니다. 권미경 노동열사야말로 이를 온몸으로 실천했던 분이라는 생각이 들어요.

오늘은 '권력의 말을 부수는 저항의 말'이 무엇인지, 여기에 어떻게 저항할지에 관해 이야기하고 싶었습니다. 권력은 현실에서 우리를 지배하는 힘입니다. 그런데 많은 분이 우리의 평범한 말에도 권력이 개입되어 있다는 점을 간과해요. 일상에서 감지하기 어렵습니다. 권력의 언어 지배 방식은 다음 네 가지로 나누어볼 수 있습니다.

첫째, 사회의 구조적 모순을 드러내는 언어 지우기
둘째, 권력을 피해자화하는 수사rhetoric

셋째, 사회적 불안을 조장하는 공포의 수사
넷째, 무책임의 수사

첫 번째부터 보겠습니다. 언어를 지운다는 말은 단지 단어나 문자를 없애는 게 아니라 우리가 가진 '개념'을 지운다는 뜻입니다. 권력 입장에서 볼 때 '생각하는 민중'은 골칫거리입니다. 그래서 아예 어떤 개념을 떠올리지 못하게 만드는 거예요. 즉 생각을 막는 겁니다.

저는 책 『말을 부수는 말』 서문에 "한 사회의 문해력은 다양한 관계들의 뒤섞임"과 밀접하다고 썼습니다. 그러면서 "다양한 존재들에 대한 인식이 서로의 언어를 끌어안으며 세계를 확장시킬 것이다"라고 했어요.

디지털 영상 매체 등에 우리가 노출되면서 '읽고 이해하는 능력'인 문해력이 감퇴하고 있다는 지적이 나오고 있습니다. 실제로 요즘 어린이들 문해력이 심각하다는 이야기가 많아요. 유트브 등 영상으로 정보를 접하다 보니 글 읽는 걸 싫어합니다. 책 읽는 시간이 별로 없어요. 제가 지하철을 타고 다니는데 아주 어린 아이들도 디지털 미디어에 많이 노출되어 있더군요. 사실 책을 안 읽는다, 문해력이 떨어진다, 이런 이야기들이 어제오늘 나온 말이 아니죠. 그럼에도 꾸준히 지적

받고 있다는 건 그만큼 문해력이 우리의 삶에 미치는 영향이 크기 때문일 것입니다.

그러나 문해력이 낮아지는 원인이 다양한 영상 매체 탓일까요? 매체의 다양성 자체는 환영할 일입니다. 그럼으로써 여러 사람의 생각과 경험을 나눌 수 있으니까요. 우리의 문해력을 위협하는 것은 영상 매체가 아니라, 매체의 다양성에도 불구하고 좁아지는 세계에 있는 것일지도 모릅니다. 가만히 생각해보세요. 우리가 스마트폰으로 접하는 콘텐츠가 사실은 보고 싶은 것만 골라서 보고 있는 건 아닐까요? 실제로 콘텐츠 플랫폼 회사들은 알고리즘을 통해 그 사람의 성향을 파악하고 좋아할 만한 것들을 메인 화면에 띄웁니다. 그러면 우리는 그중 하나를 '선택'할 뿐이에요. 그 과정에서 인기 없는 소수의 목소리는 묻히기 마련입니다.

오늘날 사람들의 관계는 매우 파편화되어 있습니다. 예를 들어 우리나라 대표적 주거 공간은 아파트입니다. 편리성이 있습니다만, 이와는 별개로 사람들이 계층에 따라 블록화되는 경향이 있어요. 비슷한 소득 수준과 비슷한 가정환경을 가진 사람들끼리 모여 살다 보니 배타적인 경계가 지어집니다. 요즘도 가끔 뉴스에 나오죠. 임대 세대와 자가 세대 통로를 분리하는 문제로 갈등이 생겨요. 출입구도 따로 둡니다. 나보다

가난하고 못사는 사람과 섞이기 싫다는 거죠. 그러면서 점점 경제적 소외 계층을 멀리해요. 당연히 그들의 목소리를 들을 일이 없습니다.

저는 경기도 김포에 삽니다. 선거를 앞두고 국민의힘에서 김포를 서울시로 만들겠다는 공약을 내걸었죠. 바로 이런 사람들의 마음을 건드린 겁니다. 경기도가 아니라 서울에 속하고 싶은 마음. 그랬더니 서울 주변 지역에서 너도나도 '서울특별시민'이 되게 해달라고 요구합니다. 대한민국이 고르게 섞여 사는 나라가 아니라 '특별한' 사람들끼리 따로 모여서 살려는 그런 나라가 되어버린 거예요. 서울로 출퇴근하는 경기도민의 실질적인 고충을 해결하는 게 아니라 김포 시민을 서울 시민으로 둔갑시키는 것입니다. 서울 중심의 문제를 고찰하지 않고 '서울 사람 되기'를 부추겨요.

우리 주변에는 소수자가 많습니다. 이주자들도 늘고 있는데요. 그럼에도 그들이 무엇을 생각하는지, 무엇을 원하는지 제대로 들어본 적이 없습니다. 이들은 우리 사회에서 없는 사람들 취급을 받아요. 이러한 소외와 분리는 언어에도 영향을 미칩니다. 나와 다른 세대, 다른 계층의 말을 이해하려고 하지 않습니다. 문해력은 사회 다양성 문제라고 생각해요. 섞이지 않는 사회는 서로의 언어를 이해하지 못합니다.

우리가 가족 사이에도 세대 차이 난다고 하잖아요. 요즘 10대의 언어는 난해합니다. 어른들이 이해 못 해요. 이모티콘 쓰는 것도 다르다고 합니다. 그래서 어떤 분이 제게 주의를 주시더라고요. 혹시 젊어 보이려고 아무거나 쓰지 말라고. 자기 딴에는 젊은 아이들과 소통하려고 썼다가 외려 전혀 다른 의미로 읽혀서 질색하는 경우도 있다고 합니다. 맥락을 모르는 거죠, 어른들이. 그만큼 언어가 서로 다른 거예요.

가까운 가족 사이에도 이런 차이가 있는데, 경제·문화적으로 다른 집단끼리는 얼마나 소통이 어려울까요? 그런데도 우리는 차이를 느끼지 못해요. 왜냐하면 굳이 나와 다른 사람들을 만날 필요가 없기 때문입니다. 요즘은 영화도 디지털 기기로 혼자 봅니다. 안방에서 얼마든지 내가 보고 싶은 거 골라서 볼 수 있어요. 마찬가지로 에스앤에스SNS에서 나와 취향 맞는 사람끼리 소통하면 그만입니다. 그렇게 자기 세계가 구축되는 거예요. 즉 듣고 싶은 것만 듣고 보고 싶은 것만 보다 보면 정말 우리가 보고 들어야 할 것들을 놓치게 되는 것입니다. 소통한다고 생각하지만 사실은 편협한 세계에 살면서 나와 다른 사람들의 세계를 알려고 하지 않습니다. 나아가서 알기를 거부합니다. 그것이 반지성주의입니다. '알기를 거부하기.'

모르는 것을 알아가는 과정은 불편합니다. 그러한 불편을

왜 우리는 차별과 혐오에 지배당하는가?

감수하지 않는 거죠. 여기에 익숙해지다 보면 노동자 계층의 언어, 이주민이나 투쟁의 언어는 낯설어지죠. 이처럼 사회가 점점 파편화되면서 중산층 이상의 목소리는 우리 사회를 과잉 대표하는 반면 소수자의 목소리가 묻히고 있다는 말씀을 드리고 싶어요.

구조적 모순 지우기

최근 유행하는 말들을 보면서 저는 '반지성주의'가 깊어지고 있음을 느껴요. 생각을 추동하는 언어만이 아니라 감정을 표현하는 언어들이 매우 협소해지고 있습니다. 방송 예능 프로그램에 자막이 달리죠. 여기 보면 매우 과격한 표현들이 자주 등장합니다. 돌았다, 미쳤다, 찢었다, 죽인다, 지린다, 쩐다, 싼다 등 청소년들이 쓸 법한 말들이 버젓이 방송 자막으로 나옵니다. 성장 과정에 있는 아이들이야 그런 식으로 결속력을 다지고 또래 문화를 형성한다고 쳐도, 다 큰 성인들이 방송에서 그런 과격한 표현을 쓰는 이유가 뭘까요? 듣기에도 민망한 표현들이 난무합니다. 재미있으면 무슨 말이든 괜찮다는 뜻일까요.

오스트레일리아 사회학자인 잭 바바렛Jack Barbalet은 '감정'

을 연구하는 감정 사회학자로 알려져 있습니다. 그런데 그가 자본주의가 발전하면서 감정을 표현하는 어휘가 감소했다는 연구 결과를 발표해요. 어떤 개념이 줄어든다는 건 사람들이 그걸 생각하지 않는다는 말이잖아요. 저는 이 결과가 너무 무섭습니다. 자본주의가 생각을 단순화시키고 언어를 삭제했다는 뜻이니까요. 그러면서 예전에 본 영화 한 편을 떠올렸는데요. 바로 장뤼크 고다르의 SF 영화 〈알파빌 Alphaville〉1965년 입니다. 이 작품의 배경인 '알파빌'은 감정을 통제하는 도시입니다. 단지 눈물을 보였다는 이유로 사형에 처해져요. 그래서 특이하게도 이 도시에서는 사전이 필수입니다. 주인공이 기거하는 호텔 방에도 사전이 있어요. 만약 허가받지 않은 단어로 글을 쓰면 잡혀갑니다. 감정을 동요시키는 언어를 허락할 수 없다는 거예요.

반면에 제도권에서는 굉장히 엄격한 언어들이 사용되죠. 당대의 언어는 한 사회의 가치관과 권력관계를 반영합니다. 요즘은 자유, 공정, 불법 같은 말들이 넘쳐나는 시대입니다. '자유'야 보수 정권에서 워낙 오랫동안 오용했던 수사이고요. 공정은 비교적 최근에 화두가 된 개념이지요. 듣기에는 좋습니다만 그 개념을 누가 점유하고 있는가를 따져 보아야 해요. 오늘날 공정이라는 화두를 가장 주도적으로 사용하는 집단이

주로 대학을 나오고 수도권에서 일하는 20~30대 남성입니다. 어떻게 보면 우리 사회에서 기득권을 갖고 있거나 가질 예정인 계층이 '공정'을 쓴단 말이죠. 이건 무슨 뜻입니까? 공정의 원뜻처럼 기회를 고루 나누자는 취지가 아니라 오히려 자기들 기득권을 지키려고 그 말을 사용한다는 겁니다. 조금이라도 빼앗기고 싶지 않을 때 '공정'이란 말을 써요.

'불법'이라는 말은 또 어떻습니까? 기업에게는 이런 말 잘 안 쓰죠? 오히려 불법의 영역을 줄여주기 위해 규제를 풀자는 식으로 말합니다. 그래서 기업 대상으로는 '규제 완화' 같은 말이 가장 많이 사용되고요. 반면에 노동자들에게는 어떻습니까? 항상 붙어 다니는 게 '불법' 딱지죠. 뭐만 하면 불법입니다.

저는 우리의 인식 체계가 언어에 어떻게 반영되는가 하는 문제를 중요하게 보고 있는데요. 요즘 점점 더 강해지는 게 바로 '경제 논리'입니다. 경제학적인 시각이 깊어졌다기보다는 모든 현상을 경제 논리로 접근한다는 의미입니다.

우리가 '가성비'라는 말을 자주 쓰죠. 오래전부터 유행이었습니다만, 갈수록 이 말이 통용되는 분야가 넓어지는 것 같아요. 이제는 인간관계도 가성비를 따집니다. 가성비라는 게 뭐예요? 적은 돈으로 큰 만족을 느끼고 싶다는 거잖아요. 노동자에게도 가성비를 적용할 수 있어요. 임금은 적게 주고 일은 많이 시키면서 가성비를 극대화하려고 하니까요.

사람에게 '가격'과 '성능'을 붙인 지는 꽤 오래됐습니다. '스펙'이란 말도 그렇죠. 꽤 오래전부터 쓴 것 같은데 갈수록 과해요. 그래도 한때는 어떻게 사람한테 하드웨어에 붙이는 말을 쓰냐며 점잖게 타이르는 비판이 있었습니다. 하지만 요즘은 그마저도 없어요. 아무런 문제의식 없이 씁니다. 일상 깊숙이 파고들어서 비판의 대상조차 되지 않는 언어가 되었어요. 사람이 어떤 말을 계속해서 쓰다 보면 정말 그 말처럼 생각하게 됩니다. 가성비와 스펙을 따지다 보면 우리 자신을 하나의 부품으로 인식해요. 그러면서 좀 더 쥐어짜는 걸 당연하게 생각하죠. 비판 의식이 작동하지 않습니다.

이처럼 개개인을 교체 가능한 부품 취급하는 사회에서 공동체라는 개념도 달라지고 있습니다. 계층이 차이 나는 사람이랑 떨어져 살고, 각자 알아서 스펙을 쌓는 세상에서 굳이 공동체를 말할 이유가 없습니다. 공동체라는 게 나와 다른 사람들, 인종·성별·세대의 차이를 뛰어넘어 함께 어우러지면서 형성되는 것인데, 이건 '공정'하지 않고 '가성비'가 떨어지는 일이겠지요.

이러한 구조 속에서 우리는 나와 다른 존재를 이해하는 감

왜 우리는 차별과 혐오에 지배당하는가?

수성이 떨어집니다. 우리는 보통 이성과 감성을 분리하는 경향이 있습니다. 사실 우리 이성과 감성은 분리되어 있지 않아요. 그래서 저는 '젠더 감수성'이라는 말을 쓸 때마다 고민스럽습니다. 사람들은 이 말을 들으면서 어떤 능동적 실천을 떠올리기보다 선택할 수 있는 취향이나 타고난 감각 같은 거로 이해해요. 그런데 사실 '젠더 감수성'은 타고나는 게 아닙니다. 사회적으로 훈련을 해야 하는 거예요. 열심히 생각하고 고민해야 합니다.

오늘날 인권 감수성은 100년 전과 천지 차이입니다. 이게 그냥 이루어진 게 아니거든요. 기나긴 투쟁과 사유의 결과예요. 이러한 투쟁은 언어의 영역에서도 전개됩니다. 그래서 한 사회의 인권 감수성을 고양하려고 싸우는 사람들을 억압하는 측에서는 적극적으로 관련 개념을 삭제합니다. 아예 그쪽으로 생각을 못 하게끔 없애버려요. 알파빌이 감정을 울리는 시집을 금지했던 것처럼 말입니다. 자본주의 시대에 접어들면서 감정 관련된 단어가 줄어들었다는 연구 결과를 접했을 때 제가 느낀 두려움도 바로 여기에 있어요. 어쩌면 우리가 쓰는 말의 사전도 점점 얇아지고 있는지 모릅니다.

금기가 되어버린 말들

노동 친화적인 정부는 물론 없었지만, 윤석열 정부가 들어서면서 노동자와 더욱 대립하고 있죠. 교과서에서 '노동'이라는 말을 삭제합니다. 굳이 '근로'로 바꾸고 있어요. 윤석열 정부가 초창기에 내세운 게 '노조 부패' 척결이었습니다. 그러면서 마치 노동조합이 커다란 비리를 저지른 집단이라도 되는 듯이 매도해요. 노조에 회계 내역을 공개하라고 요구합니다. 다 공개되어 있는데도 말이죠. 정부도 알면서 그러는 겁니다. 마치 뭔가 숨기고 있다는 느낌을 주잖아요. 사람들이 언론에 나오는 기사를 일일이 다 읽어보지 않습니다. 포털에서 제목만 보는 경우가 많아요. 본다고 해도 무엇이 진실인지 일일이 사실 확인을 하기란 어렵습니다. 그러다 보니 정부가 계속 언론에 흘리는 말을 무비판적으로 받아들이게 돼요.

'노사 법치주의'라는 말도 그렇습니다. 마치 노동조합이 그동안 법에 어긋나는 일을 해온 것 같은 이미지를 만듭니다. 한편 '고용 유연화'라는 표현은 오래전부터 자주 써왔습니다. 이런 말을 들으면 지금의 고용이 무척 경직된 거 같은 생각이 들어요. 사실은 반대입니다. 지금도 굉장히 유연해요. 공식적으로는 해고가 아니지만 사람을 쉽게 자를 수 있습니다. 해고가

왜 우리는 차별과 혐오에 지배당하는가?

쉬운 비정규직 늘리기, 쪼개기 계약 등 '유연화'는 이미 수십 년 전부터 해온 일입니다. 노동자 입장에서 보면 굉장히 불리하고 악랄한 정책이에요. 이걸 '유연화'라는 부드러운 어감의 단어로 포장하는 겁니다. '유연화'의 정확한 이름은 '불안정화'입니다. 노동자 입장에서는 일자리가 불안정해지는 거예요. 이런 식으로 노동과 노동자의 사회적 위치를 왜곡합니다. 노동이라는 말을 금기시하면 할수록 노동과 노동자의 불안정한 위치는 가려지는 반면 노조는 무소불위의 권력을 가진 것 같은 인상을 줍니다.

그럼에도 이번 정부는 대통령이 나서서 "국가는 소멸해도 시장은 없어지지 않는다"고 해요. 2022년 12월 27년 산업통상자원부와 중소벤처기업부의 업무 보고를 받는 자리에서 한 말입니다. 재벌 총수가 그랬다면 이해가 가죠. 하지만 한 나라의 대통령이 할 말은 아니잖아요. 한번은 자신을 '영업 사원'에 비유했죠. 해외에 나가서 돈을 벌어오겠다는 얘기입니다. 이런 식으로 노동의 언어는 지워지고 그 자리를 '자유 시장'의 언어가 채웁니다. 우리 사회에서 '노동의 언어'는 여전히 불순하게 느껴집니다. 분단국가에서 '노동'이라는 말은 공산주의를 연상시키고, 그로 인해 오랫동안 금기시되어 왔어요. 지금도 마찬가지예요.

2023년 여름에 서울시 서이초등학교 선생님이 자살하는 비극적인 사건이 발생했습니다. 이후로 교사들이 파업에 들어갔죠. 그러면서 49재가 되는 9월 4일을 '공교육 멈춤의 날'로 지정했습니다. 왜 굳이 '총파업' 같은 말을 쓰지 않았을까요? 당시 정부와 여당은 교사들의 집단행동을 막기 위해 압박을 가하며 여론전을 펼치고 있었습니다. 여당인 국민의힘 대변인은 교실로 정치 투쟁을 끌어들였다며 비난하고 왜 선생님을 스스로 노동자로 격하시키느냐고 묻습니다. 이 말만 들어보면 선생님은 노동자가 아닙니다. 따라서 노동자들의 단체 행동인 '파업'도 성립이 안 되는 거예요. 노동자의 개념을 지움으로써 파업의 개념도 상실하고 있습니다.

교사도 엄연히 노동자예요. 법적으로 노동조합을 만들 권리, 노동권을 지킬 투쟁을 할 권리가 있습니다. 그런데 '격하'라니요. 이러한 사고방식 혹은 언어는 전국교직원노동조합^전교조이 만들어지던 시기부터 정부가 퍼뜨려왔던 것이기도 합니다.

1980년대는 전국에서 노동자들의 투쟁이 강하게 전개되었던 시기입니다. 1987년에는 노동자 대투쟁으로 이어지고 그 결과 1989년에는 전국교직원노동조합이 결성되죠.

당시 소위 화이트칼라 사무직 노동자들도 '노동자' 인식이 생기면서 노동조합을 결성합니다. 직종 간 연대도 활발했어요. 이런 분위기 속에서 전교조도 탄생할 수 있었던 거죠. 당시 발간된 〈광산 노동자 신문〉이 있는데요. '노동자의 눈'이라는 기사에서는 '교사는 노동자다'라는 구호가 나오고 광산 노동자가 앞장서서 전교조를 사수하자는 외침도 나옵니다. 광산 노동자들은 전형적인 블루칼라입니다. 직종도 다르고 사는 곳도 다른 사람들이 같은 노동자라는 인식하에 연대를 외쳤던 거예요. 1989년에 전교조가 만들어질 때 이런 연대의 목소리가 있었습니다.

하지만 노동 운동을 탄압하는 정부에게는 이런 연대가 상당히 위험하게 여길 만한 일이죠. 그래서 계속 분리시키려고 합니다. '사무직 노동자들은 블루칼라와는 다르다. 당신들은 노동자가 아니다'라는 인식을 심어줘요. 안타깝게도 이러한 전략은 어느 정도 성공한 듯합니다. 지금 자기를 노동자로 생각하지 않는 사람들이 많잖아요. 앞서 언급한 서이초등학교 사건 때 국민의힘이 노린 지점도 바로 이것입니다. 실제로 '파업'이라는 말 대신 '공교육 멈춤'이라는 표현을 씁니다. 노동이 지워지면 노동과 관련된 많은 언어들이 이렇게 금기시됩니다. 바로 그런 전략을 반노동적 정부가 펼치고 있는 겁니다. 분리시키는 거예요. 교사라는 신분에서 노동을 지우는 겁니다.

권력이 지우려는 것은 '노동'에 한정하지 않습니다. 젠더 관련한 개념도 열심히 지우고 있어요. 윤석열 정부 들어 교과서에서 '성평등', '성 소수자', '섹슈얼리티' 같은 단어들을 삭제하기 시작합니다. 왜 그럴까요? 개념 자체를 없애버리면서 그쪽으로 생각하지 못하도록 막는 거예요. 우리 사회에 성평등이 이루어졌습니까? 아니면 성 소수자가 존재하지 않나요? 말을 지움으로써 구조적으로 차별받는 존재들이 밖으로 드러나지 않게 하려는 겁니다. 말은 현실을 일깨웁니다.

제가 어릴 때만 해도 성 소수자, 동성애, 이런 말을 들어본 적이 없어요. 그래서 그런 사람들이 존재하는지, 얼마나 탄압받고 있는지 알지 못했습니다. 마찬가지로 성희롱이라는 단어도 1990년대 중반 이후에야 등장합니다. 공식적으로 나온 게 이제 1993년 서울대 신 교수 성희롱 사건 때예요. 법적으로 '성희롱' 판결이 나오면서 널리 퍼져요. 그때부터 우리 인식 속에 성희롱이 범죄라는 사실이 들어옵니다. 겨우 30년이 조금 더 된 거예요. 그러면서 우리 사회의 인권 감수성도 한층 높아집니다.

기득권 세력, 권력을 가진 사람들은 늘 질문을 만들어내는 말을 지우려고 합니다. 교과서에 굳이 '성 소수자'라는 말을 빼는 것도 그래요. 자연스럽게 젠더 문제가 환기되기 때문입니다. 가부장 사회의 기득권층으로서는 곤란한 상황이기에 피하고 싶은 거예요. 성평등도 그렇죠. 이 말을 지움으로써 마치 성차별이라는 사실이 없는 것처럼 만들려고 해요. 실제로 이 정부는 여성가족부 폐지를 공약으로 내걸었었죠. 그 근거가 뭡니까? 여성가족부가 역사적 소명을 다했다는 거였어요. 지금은 구조적 성차별이 없다. 과거와 달리 젊은 세대는 이런 성차별 없이 성장했다. 그러니 없애도 상관없다. 이런 얘기거든요. 말이 안 되죠. 마치 여성가족부에 의해 여성이 권력 행사라도 하는 것 같은 착각을 주죠. 차별을 인지하고 사회의 불평등을 개선하려고 하지 않고, 불평등을 문제 제기하는 집단을 권력 집단으로 보이게 합니다.

현재 20~30대 여성들이 가장 흔하게 겪는 차별이 바로 취업 차별입니다. 여성은 직업 선택에서 여전히 자유롭지 않아요. 여자라서 면접에서 떨어지고 심지어 대놓고 점수를 조작하는 일이 벌어져요. 2019년에 공기업인 서울메트로가 그런 식으로 여성 지원자를 전원 탈락시킨 사건이 큰 파장을 일으킵니다. 2018년에는 가스안전공사에서, 2014년에는 대한석탄공사에서 같은 일이 벌어졌습니다. 공기업만 그랬을까요? 하나은행, 신한은행, KB국민은행 등 언론에 알려진 것만도 상당합니다. 이거 공정합니까?

이제 성평등이 이루어졌다. 성차별은 없다는 말은 거짓말입니다. 그럼에도 정부가 나서서 지워나가요. 지방자치단체도 알아서 여기에 따라갑니다. 그래서 '여성'이라는 단어가 들어간 부서들이 많이 사라졌어요. 그 자리를 '가족', '행복'이라는 말이 대체합니다.

이뿐만이 아니에요. 제주 4·3 항쟁이나 5·18 광주 민주화 항쟁도 보수 정권이 들어설 때마다 폄훼당하기 일쑤입니다. 권력의 역사 지우기는 오랜 전통이 있어요. 특히 친일 잔재 청산과 관련해서는 조직적으로 방해가 계속되고 있습니다. 친일에는 관대하지만 반공에는 엄격하지요. 2023년도에 육군 사관학교에 있던 홍범도 장군 흉상 철거를 시도했죠. 홍범도 장군의 이름을 딴 잠수함 명칭도 재검토하겠다고 합니다. 홍범도 장군의 공산당 경력을 문제 삼았잖아요. 심지어 같은 해에는 간토 조선인 집단 학살 추념식에 참석한 윤미향 국회의원을 비난하면서 조총련 인물을 만났다며 수사한다고 합니다. 2023년은 간토 대학살 100주년이 되는 해였어요. 당시 조선인이 일본인들에 의해 무려 수천 명 혹은 수만 명이나 무자비하게 학살당합니다. 학살의 규모는 여전히 정확하게 파악하지도 못한 상태입니다. 가해자인 일본 정부에는 제대로 항의도 못 하면서 외려 추모한 사람을 수사해요.

이처럼 고통을 지워나간 역사는 지금 우리에게 현재 진행형입니다. 2022년 10월 29일 발생한 이태원 참사 때는 '참사', '희생자'라는 말을 지웠죠. 당시 행정안전부는 희생자 대신 사망자로 쓰고 검은색 리본에는 아예 글자도 없게 하라고 지시합니다. 그래서 사건을 보도하는 뉴스 앵커들이 글자 없이 검은 리본만 달았어요. 왜 그랬을까요? 혹시라도 사람들이 사고 책임을 정부에 물을까 봐 그러겠지요. 이제는 애도조차 못 하는 나라가 된 건 아닌가 싶습니다. 유가족도 권력 집단으로 만들었어요. 이 사회의 권력은 그렇게 여성에게, 노동자에게, 심지어는 사회적 참사의 희생자인 유가족에게 마치 피해를 입은 듯한 '피해자 코스프레'를 합니다. 지금까지 권력이 언어를 지배하는 방식의 하나인 '구조적 모순 지우기'에 관해 말씀드렸습니다. 두 번째로 말씀드릴 것이 '권력을 피해자화하는 수사'입니다.

여성과 노동에 씌워진 '불법' 프레임

이처럼 권력은 말을 지웁니다. 그러나 여기가 끝이 아니에요. 언어를 지우면 공동체는 고통스러운 기억을 공유하지 못

합니다. 예전에 독일 영화 〈타인의 삶〉²⁰⁰⁶을 무척 감명 깊게 본 적이 있습니다. 통일 이전 동독이 배경인데요. 당시 동독 사회가 자살률을 은폐해요. 서독과의 체제 경쟁이 한창인데 만약 스스로 삶을 마감하는 사람이 많다는 사실이 알려지면 동독에 불리했을 테니까요. 그런 사회에서는 애도가 불가능합니다. 그런 일 자체가 없었던 걸로 되니까요. 그러면서 구조적인 불의를 은폐합니다. 부정의가 은폐된 사회에서 애도하기가 곧 저항하기가 될 수밖에 없습니다.

권력은 애도와 저항의 말을 지우고 권력 구도를 바꿔치기합니다. 무슨 말이냐 하면, 억압하는 자들을 반대로 억압받는 사람처럼 만들어요. 우리가 흔히 쓰는 말인 '피해자 코스프레'가 딱 어울리는 현상입니다. 권력의 구도를 바꿔치기하는 사회에서는 '불법'이라는 말이 횡행합니다.

'불법' 하면 어떤 생각이 들어요? 일단은 부정적입니다. 뭔가 굉장히 옳지 않은 일 같아요. 그러니까 불법이라는 딱지가 붙은 대상은 마땅히 벌을 줘야 할 것 같은 느낌이 듭니다. 법으로 처벌하는 것이니 정당하다는 생각이 들고요.

파업은 노동자의 권리지만 여기에 '불법'이 붙으면 금지 대상이 됩니다. 그래서 보수 정권이 들어서면 불법이 아닌 파업을 찾기가 힘들어집니다. 시민들의 정당한 권리인 시위도 그렇죠. 이래도 불법 저래도 불법입니다. 사회적 참사의 희생자들을 추모하는 공간마저 불법으로 규정해서 철거합니다. 불법이 많은 사회는 무책임한 사회로 향합니다. 최근에는 페미니즘에도 같은 딱지가 붙습니다. 2022년 1월에 당시 윤석열 대선 후보 정책본부에 있던 하태경 의원이 페미니즘은 반헌법적이며 여성가족부는 반헌법적 기관이라고 합니다. '반헌법'이면 불법보다 한 단계 위죠. 젠더 문제를 부정적인 화두로 삼아 당시 여성 정책에 불만이 많던 젊은 남자들의 표를 얻으려는 행태였어요. 물론 사실과 다른, 말도 안 되는 정치 선동이었습니다.

여성가족부는 김대중 대통령 때인 2001년 '여성부'로 만들어져 지금까지 이어지고 있습니다. 그런데 뭐가 반헌법이라는 거죠? 지금까지 정부가 반헌법적이었다는 뜻일까요? 지난 20여 년 동안 반헌법적 기관이 있었던 정부라면 정부도 반헌법이죠. 그럼에도 밑도 끝도 없이 헌법 정신에 위배된다는 말만 합니다. 모든 역사에는 역사의 수레바퀴를 뒤로 돌리려는 반동이 있어왔습니다만, 이건 반동이라고 하기에도 민망해요. 폐지를 주장하는 사람들 이야기를 들어보면 마치 여성가족부가 엄청난 권력 기관인 것 같다는 느낌이 듭니다만, 여성가족부의 일은 기본적인 복지 정책을 하는 정도지요. 예산의 상당 부분을 말 그대로 청소년과 가족에 쓰고 있습니다. 그럼에도 여기다가 '불법'이나 '반헌법'이라는 딱지를 붙인 거예요.

이처럼 권력은 저항을 불법화하려고 애씁니다. 그래야 탄압이 합리화되니까요. 그런데 이렇게 '불법'의 영역이 확대될수록 윤리의 영역은 축소됩니다. 우리가 어떤 사안이 있을 때 옳고 그름을 따져야 하잖아요. 그게 바로 윤리와 도덕의 문제니까요. 그런데 이런 과정이 생략돼요. 공동체를 위한 옳고 그름, 사회적 약자를 위한 정의, 이런 것을 고민하지 않고 '누구에게 피해를 주는가'를 따져요. 예를 들어 장애인들이 지하철 역에서 시위를 합니다. 그런데 시민들에게 재난 문자^{안전 안내 문자}가 옵니다. "장애인차별철폐연대의 지하철 타기 불법 시위로 무정차 통과하고 있습니다."

이게 실제로 2023년 1월에 서울교통공사에서 보낸 내용이에요. 이런 문자만 보면 장애인들이 지하철 운행을 가로막고 선로에 눕고 뭐 이런 장면을 떠올리실 텐데요. 실상은 그렇지 않습니다. 그냥 지하철이 도착하면 타는 거예요. 그런데 시간이 비장애인보다 많이 걸려요. 움직임이 불편하다 보니 문이 열리고 닫히는 사이에 곧바로 탑승하기가 어렵습니다. 승강장 사이가 넓어서 휠체어 바퀴가 빠져버리는 곳도 있고요. 그러면서 시간이 지체되는 거예요. 이게 불법입니까? 서울시에서 반대 여론을 조성하려고 일부러 '불법'이라는 낙인을 찍었다는 비판을 들을 만합니다.

언론도 이런 사실을 제대로 알리지 않아요. 왜 시위를 하는지, 장애인들이 이동권을 어떻게 침해받고 있는지에 주목하는 대신 '시민 피해'를 강조합니다. 언뜻 중립적으로 보이기 위해 찬성/반대 이렇게 나누어서 인터뷰를 합니다. 이런 뉴스를 보면 왜 장애인들은 하필 출퇴근 시간에 저런 일을 벌여서 다른 사람들에게 피해를 주나, 하고 생각하게 됩니다. 장애인들은 말합니다. 우리도 지하철로 출퇴근하고 싶다고 말이에요. '불법'은 이런 구조적 모순을 은폐하고 이를 바꾸자는 목소리를 손쉽게 묻어버립니다. 대신 장애인들이 누군가에게 피해를 주는 집단으로 인식됩니다.

일부 정치인들의 선동적 발언과 어정쩡하게 중립적인 언론으로 인해 '불법 시위가 선량한 시민들의 발목을 붙잡았다'는 식으로 이해하기 쉬워집니다. 누구나 사용할 수 있어야 할 대중교통인 지하철이 장애인의 발목을 붙잡는 게 현실인데, 거꾸로 장애인들이 일반 시민을 괴롭히고 있는 듯한 인상을 주는 겁니다. 이처럼 '불법'이라는 구도는 시민들의 교통 이동권을 보장해야 할 정부의 책임을 숨기고 사회적 약자인 장애인을 가해자로 둔갑시킵니다. 이런 일은 일상적으로 벌어져요.

'재벌 저승사자'라는 표현 혹시 들어보셨나요? 공정거래위원회를 저렇게 표현합니다. 가끔 뉴스에서도 들을 수 있어요. 공정거래위원회는 독점 거래를 규제하는 중앙정부 행정기관이에요. 재벌 저승사자라는 말은 마치 재벌을 비롯한 기업이 정부 규제의 대단한 피해자로 비치게 합니다. 여러분도 아시겠지만 독점은 시장 경제의 발전을 가로막는 행위입니다. 당연히 정부가 규제를 해야 하고요. 그런데 '저승사자'라니요. 공정한 시장 질서 유지를 위한 활동을 저렇게 표현함으로써 독점으로 부당한 이익을 보는 재벌과 거대 기업의 폐해를 숨기는 거예요. 그러면서 한편으로는 노동자에게 화살을 돌립니다.

2022년 겨울 윤석열 대통령 입에서 '귀족 노조', '건폭건설노동조합을 폭력배에 빗댄 말'이라는 표현이 나옵니다. 공정거래위원회는 재벌 저승사자인데 노동조합은 귀족이라 불리다가 이제는 폭력배라고 합니다. 당시는 화물연대와 정부가 '안전 운임제'를 둘러싸고 갈등을 빚던 시기였습니다. '컨테이너·시멘트 화물차 안전 운임제 지속 추진 및 품목 확대'를 두고 국토부가 갑자기 태도를 바꿔요. 합의했던 '품목 확대'에 거부 의사를 보여요.

왜 우리는 차별과 혐오에 지배당하는가?

안전 운임제라는 건 다른 게 아닙니다. 운전사와 차주에게 일정 임금을 보장해 노동자 과로, 과적, 과속 등으로 생기는 사고를 막자는 취지입니다. 그러다 보니 건설업체에서 반대가 큽니다. 비용 부담이 는다는 거예요. 그러자 정부가 나서서 화물연대를 탄압하기 시작합니다. 화물연대 파업을 이기주의로 몰아붙입니다. 심지어 윤석열 대통령은 화물연대의 운송 거부와 관련해 이를 북핵 위기나 마찬가지라는 말을 해서 많은 사람이 경악하게 하죠.

현대 사회에서 물류는 매우 중요해요. 최근에는 온라인 상거래가 활성화되면서 물류업계의 노동 강도가 많이 높아지고 있습니다. 한 번쯤 다들 이용해보셨을 '당일 배송'이나 '새벽 배송'이 그렇습니다. 노동자들이 과중한 업무로 생명을 위협받고 있어요. 그런 상황에서 안전을 요구하는 사람들에게 '이기주의' 낙인을 찍습니다. 우리 사회에서 이런 사례는 끝도 없어요.

2019년 겨울 서울대학교 시설 관리 노동자들이 파업을 합니다. 그러자 〈조선일보〉에 이런 칼럼이 하나 등장해요. 파업 때문에 도서관 난방이 안 되어 학생들이 공부를 못 한다는 내용입니다. 학생들을 인질로 삼았다느니 파업을 주도한 민주노총이 사회악이라느니 하는 과격한 표현도 서슴지 않습니다. 여기서도 또 한 번 권력의 구도를 왜곡합니다. 노동자들이 학생들에게 권력 행사를 하는 듯 만들면서 정작 학교 측이 노동자들을 제대로 대우하지 않는 문제를 피해 갑니다.

파업의 배경에는 열악한 노동 환경이 있습니다. 그해 8월 서울대학교 청소 노동자 한 분이 직원 휴게실에서 사망합니다. 창문조차 없는 계단 아래 비좁은 공간에서 일어난 일이에요. 당시 35도를 웃도는 무더위 속에서 죽음을 맞은 겁니다. 이런 열악한 환경을 개선해달라고 학교 측에 요구하는 것이 이기적인 행동일까요?

칼럼이 등장한 지 2년 후인 2021년 6월 또 한 분의 청소 노동자가 죽음을 맞습니다. 이번에는 과로와 함께 소위 '갑질' 문제가 불거집니다. 서울대 측에서 청소 노동과 관련 없는 필기 고사를 요구했다는 겁니다. 업무와 무관한 영어와 한자가 왜 필요합니까. 당시 노동조합은 노동자 길들이기의 일환이었다고 비판했어요. 고령의 노동자들에게 수치심과 모멸감을 심어주려 했다는 거예요. 이러한 근무 환경을 강요하는 학교 측과 여기에 저항하는 노동자, 과연 누가 이기적입니까?

불법, 볼모, 인질, 이런 단어들은 열악한 환경의 노동자들이 파업을 했을 때 늘 등장하는 말입니다. 그럼으로써 권력의 얼굴은 사라지고 피해자인 노동자들이 오히려 가해자로 바뀌는 거예요. 지금까지, 권력자들이 어떻게 피해자의 목소리를 지우고 되레 피해자인 척하는지 알아보았습니다.

침묵하는 다수와 부자들이 돈 쓸 자유

다음으로 보수 정치에서 자주 오르내리는 표현이 있습니다. 바로 '침묵하는 다수'라는 건데요. 이를 정치적으로 잘 활용했던 사람이 미국의 닉슨 대통령37대, 1969~1974년 재임입니다. 베트남 전쟁 당시 반전 시위가 크게 일어나죠. 이때 '침묵하는 다수'라는 말로 마치 반전 여론이 일부에 불과하다는 인상을 심어줍니다. 그러니까 말을 안 해서 그렇지 전쟁을 찬성하는 많은 사람이 있다는 거예요.

이런 식의 사고방식은 우리나라 대통령 선거에도 등장합니다. 2021년 10월경 선거를 5개월 앞둔 시점에 당시 대선 주자였던 윤석열 전 검찰총장은 호남 사람 중에도 전두환이 정치를 잘했다고 생각하는 사람이 많다고 말합니다. 광주 학살의 주범인 전두환이 정치를 잘했다고 생각하는 호남 사람이 정말 그렇게나 많을까요? 이런 발언들은 우리가 확인할 수 없는 가상의 집단을 상정하고 그것이 마치 정말 존재하는 것처럼 믿게 만듭니다. 소위 '침묵하는 다수'라는 개념으로 여론을 왜

곡하는 정치적 수사예요. 이는 우리 사회가 합의한 최소한의 가치랄까요, 일정한 선을 무력화하는 효과가 있습니다.

수많은 시민을 학살하고 대통령이 된 사람이 정치를 잘했다는 말을, 공공연하게 함부로 하기 어려웠습니다. 그런데 이제는 '침묵하는 다수'라는 가상의 집단을 만들어서 이를 공론장으로 끌고 나오는 거예요. 마치 극우 유튜버라는 사람들의 발언이 여기저기서 들려오는 것처럼 말입니다. 이들이 심지어 정부 요직에 앉아서 역사를 부정하는 발언을 서슴지 않고 합니다. 그러면서 과거에 우리가 합의한 사회적 정의를 무력화해요. 이 역시 피해자의 목소리를 지우고 가해자를 옹호하는 방식입니다.

젠더 문제와 관련해서도 살펴보면 그들이 사용하는 가상적 사고방식을 잘 이해할 수 있어요. 대표적인 게 여성가족부 폐지론이죠. 앞서 여성가족부를 반헌법적 기관으로 매도했다는 말씀을 드렸는데요, 이런 논리는 다음과 같은 서사로 이어집니다. 먼저, 다수의 사람은 가부장제 속에서 평화롭게 잘 지냅니다. 그런데 저 반헌법적 기관인 여성가족부와 이를 지지하는 극성스러운 소수의 여성 때문에 문제가 생겨요. 오늘날 남성들이 역차별을 받습니다.

예컨대 교사 집단에서 남성의 수가 줄어들어요. 자라나는 청소년들에게 남성의 롤 모델이 사라집니다. 미래가 걱정이에요. 사회 각 분야에서 여성가족부를 위시한 여성들의 탄압으로 남성들이 엄청나게 밀려나고 있습니다. 직장에서 밀려나면서 고개 숙인 아버지들이 많아져요. 결과적으로 과거에 누렸던 남성들의 자유가 상당히 억압을 받게 돼요. 그럼에도 극성스러운 여성주의자들 눈치를 보느라 말을 못 하는 남성들, 나아가 여성들도 많다. 이런 서사가 만들어지는 겁니다. 이러한 남성들의 위기의식을 표로 연결하고 싶었던 윤석열 정부는 남성들의 자유를 수호하는 역할을 자임합니다. 구조적 성차별은 없고, 무고죄 처벌을 강화하겠다고 하지요.

지금까지 말씀드린 여러 표현 중에서도 단연 오랫동안 권력자들이 애용해온 것이 있습니다. 바로 '자유'예요. 자유는 좋은 겁니다. 여기에 반대하는 사람은 없어요. 그래서 권력자들은 이 '자유'를 통해 자유를 억압하고 권력의 구도를 뒤바꾸는 데 많은 노력을 기울입니다. 표현의 자유는 권력에 의해 오용되고 있지요. '침묵하는 다수'는 마치 일부 소수에 의해 다수가 사상의 자유와 표현의 자유를 억압당하는 듯한 인상을 줍니다. 이미 표현의 권력을 누리는 사람들이 마치 침묵을 강요받고 있는 듯 표현의 자유를 외칩니다.

특히 '자유'는 윤석열 정권이 출범하면서 가장 자주 언급한 표현이에요. 2021년 6월 그가 발표한 출마 선언문에만 무려 21회나 등장합니다. 그 뒤를 '공정', '법치' 같은 말이 따릅니다. '상식'이라는 말도 자주 나와요. 그가 대통령에 당선된 후 나온 취임사에서 '자유'는 한층 더 강화됩니다. 무려 35회나 등장해요. 그렇다면 이들이 말하는 '자유'란 대체 무엇일까요? 그들이 생각하는 자유가 무엇이기에 이토록 강조하는 걸까요? 우리는 역사를 통해 보수 정치인일수록 '자유'를 빈번하게 사용한다는 걸 알게 되었습니다. 그런데 그들의 자유에는 한 가지 특징이 있어요. 바로 누군가의 자유를 억압한다는 점입니다. 소수자와 약자의 선택지를 좁히는 자유입니다.

자유시장경제와 자유민주주의를 강조하면서 내놓은 정책을 보면 잘 알 수 있습니다. 윤석열 정권이 출범한 후 노동 시간을 늘리기 위해 애씁니다. 여기에 등장하는 논리도 '일할 자유'입니다. 그러면서 한편으로는 최저임금 인상 폭을 제한해요. 말하자면 '저임금 장시간 노동을 할 자유'를 외치고 있는 겁니다. '최저임금 이하로도 일할 용의가 있는 사람의 선택을 존중'하자는 말은 오히려 최저임금제가 노동자들의 일자리를 줄이는 역할을 한다고 이해하게 만듭니다. 최저임금 이하로도 일할 용의가 있는 다수의 노동자가 일자리 선택권을 빼앗긴 듯이 보이죠.

우리나라 근로기준법이 규정한 법정 근로 시간은 하루 8시간 주 40시간입니다. 당사자 합의에 따라 여기서 1주간 12시간을 연장할 수 있어요. 이때는 반드시 수당을 지급해야 합니다. 그런데 정부가 꼼수를 써가면서 자꾸 사용자 측에 유리하게 해석해요. 근로기준법의 규정을 주당 '40시간'이 아닌, 주당 '52시간제'로 해석하면서 하루에 20시간을 일해도 '합법'이 되어버립니다. 과로하다 죽어도 사용자 책임이 아니에요. 이것만 봐도 '자유'라는 개념이 정확하게 누구를 위한 것인지 알 수 있습니다.

"부자에게 돈 쓸 자유를 주겠다." 당시 윤석열과 함께 국민의힘 대선 후보 지지를 두고 경쟁하던 홍준표가 한 말입니다. 그는 우리나라 경제 성장의 장애물로 강성 노조를 지적하면서 노동 시장을 유연화하는 한편 기업에는 세금을 깎아주겠다고 공언해요. 전형적인 '자유주의'적 정책입니다. 돈을 쓸 자유는 부자들에게만 있지 않습니다. 누구나 돈을 자유롭게 쓸 수 있어요. 아무도 안 말립니다. 가난한 사람도 마찬가지죠. 우리 모두 돈을 쓸 수 있는 자유가 있어요. 다만 쓸 돈이 없어서 못 쓰는 거예요.

그런데 마치 저 말만 들어보면 우리 사회가 부자들 돈 쓰는 걸 막는 것 같잖아요. 부자들이 마치 피해자처럼 느껴집니다.

게다가 노동 유연화니 하는 말을 덧붙이니 노동자들이 강성 노동조합 같은 걸 만들어서 부자들을 괴롭히는 듯한 인상을 줍니다. 그러나 저런 정책으로 피해를 보는 사람이 누구입니까? 당연히 더 일하고 덜 받는 노동자예요. 정말 자유를 침해받는 사람의 목소리를 지우고 권력자이자 이미 넘치는 자유를 보장받고 있는 부자들이 자유를 억압받는 듯이 말합니다.

분쟁 지역이 된 독도와 이념주의 공세

다음으로 살펴볼 권력의 언어 지배 방식은 '불안 조성하기' 입니다. 제가 오늘 아침에 뉴스를 보는데 '사실상 남북한 군사 합의가 파기'되었다고 해요. 여기서 말하는 군사 합의라는 게 2018년 9월 19일 체결된 포괄적 군사 협정을 말합니다. 남과 북이 일체의 적대 행위를 전면 중지할 것을 명시하고 있습니다. 북한이 정찰 위성을 발사했기 때문에 이 협정의 일부 효력을 중지한다는 우리 측 대응에 북한이 발끈하면서 파기를 선언한 겁니다 2023년 11월 23일 북한 조선중앙TV. 이에 따라 남북 긴장 관계가 형성되었다고 뉴스는 전하고 있었습니다.

이는 윤석열 정부가 출범하면서 어느 정도 예견이 된 상황이었어요. 보수를 자임하는 역대 정권에서는 항상 남북 긴장

왜 우리는 차별과 혐오에 지배당하는가?

관계가 높아졌습니다. 문제는 이런 상황에서 시민들을 안심시키고 대책을 강구해야 할 정부가 오히려 불안을 조장한다는 거예요. 이들에게는 불안이 정치적 자원이거든요.

신원식 국방부 장관이 2023년 10월에 모 부대를 시찰하면서 '즉 강 끝' 원칙을 언급해요. 북한 도발 시 '즉시 응징', '강력히 응징', '끝까지 응징'하라는 거예요. 북한이 공격하면 강하게 나가겠다는 뜻이겠죠. 그런데 시민들이 과연 이런 말을 듣고 안심할 수 있을까요? 그동안 윤석열 정권에서 내세울 만한 대북 정책이랄 것이 있나요? 돌아보면 선제 타격, 보복, 응징, 이런 말들뿐입니다. 그냥 강하게 나가겠다는 말 이외에 어떻게 전쟁을 막을지 어떻게 평화를 정착시킬지 하는 구체적인 내용이 없어요. 이들이 내세우는 논리는 한결같습니다. '힘에 의한 평화'예요. 역사적으로 이게 성공한 적이 있을까요? 힘을 내세우는 집단은 늘 전쟁을 일으킵니다. 그리고 그 전쟁의 피해는 고스란히 평범한 시민들의 몫이 돼요.

우리 역사에서 시민들의 자유를 탄압하고 인권을 유린했던 독재자들이 늘 '힘에 의한 평화'를 내세웠습니다. 지금 국방부 장관이나 대통령이 나서서 보복과 응징을 외치고 있어요. 저는 그들이 과연 국민의 불안을 잠재우고 평화를 정착시킬 의지가 있는지 의심스러울 따름입니다. 게다가 그토록 강력한 대응을 외치는 사람들이 정작 우리 고유의 영토인 독도를 '분쟁 지역'으로 규정한 이유가 무엇인지 궁금해요.[*]

페미니즘적 관점에서 국제 정치를 분석하는 베티 리어든 Betty Reardon은 페미니스트 평화학의 선구자로 불립니다. 이분이 『성차별주의는 전쟁을 불러온다』라는 책을 출간했는데요, 남성성 신화와 가부장제 사회가 전쟁과 어떻게 연결되는지, 성차별주의가 전쟁을 불러올 수밖에 없는 이유에 대해 면밀히 분석합니다. 최근 우크라이나와 러시아가 전쟁을 벌이고 있죠. 이스라엘의 네타냐후도 계속 주변 국가를 도발하고 있습니다.

이스라엘의 경우는 집권 야욕이 전쟁의 배경으로 작동하고 있다는 사실이 널리 알려진 상태예요. 정치적 야망을 관철시키려고 수많은 사람을 죽음으로 내몰고 있는 겁니다. 이런 일이 어떻게 가능한지 궁금하신 분들께 『성차별주의는 전쟁을 불러온다』는 책을 읽어보길 권합니다. 성차별주의와 전쟁 체제에는 타자성을 폭력적으로 활용하고 있다는 공통점이 있습니다. 오늘날 우리나라에서 벌어지는 일련의 응징 발언들도 이런 맥락에서 보아야 한다고 생각해요. 전쟁 체제는 응징할

---

[*] 독도를 '영토 분쟁 진행 중'이라고 서술한 『정신전력교육 기본교재』에 대한 비판이 일자 2023년 12월 28일 국방부는 이를 전량 회수하겠다고 밝힌다.

타자를 반드시 필요로 하지요.

지금 보수 여당과 대통령은 '이념'을 강조합니다. '자유민주주의'도 그중 하나죠. 이념은 중요해요. 저도 이 부분에는 동의합니다. 개인은 물론 공동체에 큰 영향을 미쳐요. 우리는 이념 없이 살 수 없습니다. 중요한 건 이념 자체가 아니라 어떤 이념이냐 하는 문제에요. 윤석열 정부의 이념은 비교적 투명해 보입니다. 이때 이념은 전쟁 체제를 합리화하기 위해 필요합니다.

2023년 8월 대통령이 국민의힘 연찬회에서 한 발언을 보면 잘 알 수 있어요. 당시 윤석열 대통령은 "국가의 정치적 지향점과 지향할 가치에서 중요한" 것으로 '이념'을 꼽습니다. 그가 말하는 이념은 무엇일까요? 2023년 광복절 기념식의 발언에서 실마리를 얻을 수 있겠습니다.

이날 대통령은 일본에 대해 "공동 이익 추구하는 파트너"라고 말합니다. 또한 독립운동을 "자유민주주의 국가를 위한 건국 운동"으로 평가하면서 우리 사회에 민주주의 운동가나 인권 운동가로 위장한 "공산 전체주의 세력"이 숨어 있다고 지적합니다. 응징의 대상은 북한만이 아닌 것 같습니다. 이념을 강조하면서 사회적 내분을 조장하지요.

전쟁과 분열의 수사

일제 강점기에서 벗어난 날을 축하하는 자리에서 일본을 '파트너'로 언급한 최초의 대통령이에요. 그러면서 독립운동의 의미를 '자유민주주의'라는 이념과 연결 지어요. 심지어 우리 헌법에 나오는 임시 정부를 부정하는 '건국'이라는 용어까지 사용합니다. 여기에 공산주의를 맹종하는 반국가주의자와 같은 말을 덧붙임으로써 그가 말하는 '이념'의 윤곽을 드러냅니다. 즉 우리 사회를 오랫동안 지배해온 '반공 이데올로기'를 다시 불러들이고 싶은 거예요. 그것도 굉장히 거친 표현을 쓰면서 말입니다.

물론 이 말을 듣는 대부분의 사람들은 시대착오적이라고 평가하겠지만, 우리 사회에는 여전히 극우 보수 세력들이 힘을 발휘하고 있는 것은 사실이에요. 어찌 보면 이런 사람들에게 신호를 보내고 있는 것이기도 하고요. 이런 이념 공세는 과거에도 있어왔습니다. 과거 군사 독재 정부 때 자신들의 정권을 유지하는 수단으로 이용했죠. 이러한 권력자의 말은 대외적으로는 대결과 전쟁을 부추기면서 내부적으로 불안을 조장합니다.

이처럼 국민을 상대로 분열의 수사를 사용합니다. 공산주

왜 우리는 차별과 혐오에 지배당하는가?

의 맹종 세력, 북한 핵보다 위험한 사람들, 실체도 없는 사람들을 지목하면서 이들을 마치 우리 사회에서 배제되어야 할 불안을 조장하는 세력으로 표현합니다. 그러면서 정말 국민들이 분노할 대상에 관해서는 '파트너'라며 감싸요. 일본 극우 세력들이 준동하고 독도 영토 문제를 들먹이자 한덕수 총리는 이렇게 말합니다. "독도는 집사람인데 내 집사람이라고 온 세상에 공포해야 되나?"2023년 9월 6일 국회 대정부 질문

'집사람'이라는 가부장적인 표현은 둘째 치고, 그렇다면 남편은 현 정부라는 뜻일까요? 도무지 앞뒤가 맞지 않는 이상한 비유입니다. 그래서 그 뜻을 묻자 총리는 독도를 우리가 실효적으로 지배하고 있다는 뜻이라고 답변합니다. '실효적'이라는 말은 합법적이라는 말과 달라요. 그러니까, 정당성이 있든 없든 일단 우리가 지배하고 있다는 정도의 뉘앙스입니다. 그렇기 때문에 일본 측에서 '분쟁 지역'인 독도를 한국이 실효적으로 지배하고 있는 거 아니냐고 반박해도 할 말이 없습니다. 한 나라의 영토를 '집사람'에 비유하는 가부장적인 인식과 함께 실효적으로 지배하고 있으니 굳이 대외적으로 국내 영토임을 말할 필요가 없다는 무책임한 수사야말로 일본을 대하는 이들의 이념을 보여준다고 생각합니다.

이들은 자유민주주의를 신봉합니다. 그렇기에 정부 수립

이후에 '자유민주주의'라는 개념이 어떤 식으로 유통됐는지, 어떤 식으로 우리 정치에서 자리 잡아 왔는지를 이해하는 게 중요해요. 한국 사회에서 자유는 원래의 뜻과는 거리가 멀어요. 분단 체제하에서 북한에 반대하는 이념을 뜻합니다. 그러니까 '자유=반공'이라는 등식이 성립되는 거예요. 이들에게 반공 없는 자유는 자유가 아닙니다. 그래서 자유 다음에는 항상 북한, 공산주의 같은 말들이 나오는 거예요.

이들에게 자유는 개인의 인권이나 공동체 정신, 시민으로서의 정치 참여 존중과는 상관이 없는 개념입니다. 그래서 자유를 외치며 정작 표현의 자유를 억압하고 집회 시위의 자유를 박탈하는 일이 가능한 거예요. 자유민주주의를 내걸면서 전쟁을 불사하겠다는 발언을 서슴지 않는 것도 같은 이유입니다. 윤석열 정권 출범 이후 '전쟁'이라는 수사가 부쩍 잦아진 것도 우연이 아니에요.

"당선 즉시 흉악 범죄와의 전쟁을 선포하겠다." 2021년 12월 윤석열 당시 국민의힘 대통령 후보가 한 말입니다. "반도체 경쟁은 단순한 경쟁이 아니라 산업 전쟁이며, 국가 총력전" 2023년 6월 반도체 국가전략회의에서 한 말이고요. 사회 안전과 경제 관련 정책을 전쟁이라는 수사로 언급하는 데에는 이유가 있습니다. 그만큼 심각한 위기 상황이라고 국민들이 인식하게 만들려는 거예요. 그러나 흉악 범죄와 반도체 경쟁은 어제오늘 일이 아닙니다. 현실이 변했다기보다는 이런 현실을 바라보는 정권의 인식이 달라진 거예요.

2022년 6월 한 원전 업체를 방문한 자리에서 "지금 원전 업계는 전시"라고 진단합니다. 또다시 전쟁이 등장하죠. 그러면서 "탈원전이라는 폭탄이 터져서 폐허가 된 전쟁터"이니 "전시에는 안전을 중시하는 관료적인 사고는 버리"라고 요구합니다. 불안을 조장하는 한편 친원전 정책의 당위성을 주장하는 겁니다. 이걸 근거로 시민의 목숨을 담보하는 안전을 포기하라는 이상한 논리가 등장한 거예요.

전쟁은 피해야 합니다. 그럼에도 자꾸 전쟁의 수사를 사용해서 자기 목적을 달성하려고 해요. 심지어 전쟁을 멈추자는 주장을 반국가 세력으로 매도하기까지 합니다. 2023년 6월 윤석열 대통령은 자유총연맹 창립 행사장에서 "반국가 세력들"이 "유엔사를 해체하는 종전 선언을 노래 부르고 다녔다"고 비난합니다. 전쟁을 멈추자는 건 유엔사를 해체하자는 말이고 이는 북한을 이롭게 하는 반국가 세력의 주장이라는 뜻입니다. 사회, 경제, 외교 등 분야를 가리지 않고 자유와 전쟁 같은 수사들로 가득 차 버린 형국입니다.

앞서 말씀드린 페미니즘 연구자 베티 리어든은 '전쟁 체제'

를 경쟁적인 사회 질서로 정의합니다. 은유로서의 전쟁은 가부장제와 군사주의가 공모해서 만들어낸 위험한 수사학이에요. 수사는 그저 말의 문제로 끝나지 않습니다. 이러한 수사는 권력자들의 인식을 드러내고 이를 사회 각 영역에 전파시킵니다. 그러면서 피해자, 소수자를 지우고 그들의 목소리를 억압해요.

이들이 사용하는 '전쟁'의 은유는 전쟁을 막고 평화를 정착하려는 의도가 아닙니다. 오히려 분열의 언어로 사람들에게 불안을 심어주면서 지금의 권력 질서를 공고히 하는 역할을 합니다. 전쟁은 모든 사안을 생존 문제로 빨아들여요. "전쟁통에 인권은 무슨", "전쟁이 나서 다 죽게 생겼는데 여자들 인권 따지게 생겼어?", "북한이 전쟁을 일으킬지도 모르는데 장애인들 지하철 타는 게 그렇게 중요해?" 이렇게 되는 겁니다.

전쟁 체제에서 약자와 소수자의 인권은 '사소한' 문제가 돼요. 아예 입도 벙끗 못 하게 하죠. 의사소통 통로는 차단됩니다. 한편 권력자들의 공격성이 지도력으로 탈바꿈하죠. 지난 대통령 선거를 한번 보세요. 국가 최고 지도자가 되겠다는 사람들이 어떤 퍼포먼스를 했나요? 윤석열 후보가 유세하다가 주먹으로 어퍼컷 세리머니를 합니다. 경쟁자인 이재명 후보는 발차기를 하고 안철수 후보는 야구 방망이를 휘두릅니다.

왜 우리는 차별과 혐오에 지배당하는가?

이들은 왜 이런 행동을 보였을까요? 주먹질을 잘한다고 해서 국정 운영을 잘하리라는 보장이 없는데 말이죠. 이들은 모두 이미지 정치를 위한 행위입니다. 공격적인 행동으로 남성성을 과시하고 싶은 거예요. 강한 모습을 내보이면서 지금 우리 사회를 지배하는 가부장제 질서의 도움을 얻으려고 하는 겁니다. 우리는 일상에서 남성과 여성으로서 각기 다른 태도와 가치를 요구받습니다. 가부장제는 여기에 순응하는 사람을 인정해주는 시스템이에요.

남성다운 지도자가 우리를 지켜줄 수 있다고 믿는 사회에서는 저런 공격적인 퍼포먼스가 표를 얻는 데 도움이 되겠죠. 문제는 이런 인식이 착각에 불과하다는 겁니다. 지금 우리나라의 현실이 이를 잘 보여주고 있잖아요.

이처럼 권력의 수사는 불안을 조장하고 이를 통해 기존 질서를 공고히 한다는 말씀을 드렸고요. 다음으로 살펴볼 것은 바로 '무책임의 수사'입니다.

희생자에게 책임 묻기

요즘 무책임의 언어가 난무하고 있어요. 권력은 지배력을 강화하려고 여기저기 '불법' 딱지를 붙이면서 압수 수색을 남발하고 있는데요. 정작 책임은 안 지고 있습니다. 역대 가장 무책임한 권력이라고 할 만합니다. 그동안 어떤 일이 있었는지 한번 살펴볼까요.

저는 대형 참사가 일어날 때면 삼풍백화점 붕괴 사고를 떠올립니다. 너무도 많은 희생자가 발생했었죠. 그때 뉴스를 보고 '어떻게 백화점이 무너질 수가 있지?' 하고 생각했습니다. 나중에 500명이 넘게 사망했다는 걸 알고는 엄청난 충격을 받았어요. 희생자가 너무 많아서 비현실적으로 느껴질 정도였어요. 그게 1995년도니까 벌써 30년 가까이 세월이 흘렀습니다. 그런데 최근에 다시 그때만큼이나 큰 충격을 받았어요. 2022년 10월 29일에 발생한 이태원 참사입니다. 무려 159명의 희생자가 발생했어요. 길거리에서 그냥 길을 걷다가 압사를 당한 겁니다. 너무도 말이 안 되는 일이 생겼는데 더욱 놀라운 일은 그 후에 벌어져요.

이런 대형 참사가 발생했는데 아무도 책임을 안 집니다. 전쟁을 불사하며 국민을 지키겠다고 한 최고 책임자도 책임이 없대요. 진상 확인을 위한 특별법을 거부합니다. 그럼 누가 책임을 져야 합니까? 구청장을 비롯해 당시 책임자로 지목되어 구속 수감된 여섯 명 전원이 석방됐어요. 아직까지 아무도 책임지는 사람이 없는 대형 참사가 되었습니다. 세월호 참사를

왜 우리는 차별과 혐오에 지배당하는가?

통해 학습한 것이 더욱 강력한 무책임일까요?

"책임이라고 하는 것은 있는 사람에게 딱딱 물어야 하는 것이지, 막연하게 다 책임지라 하는 것은 현대 사회에서 있을 수 없는 이야기다." 2022년 11월 7일 대통령이 국가안전시스템 보장회의에서 한 말입니다. 무슨 뜻입니까? 대통령이나 행안부 장관, 경찰청장, 이런 사람들에게 책임 묻지 말라는 거잖아요. 국가 최고 책임자의 뜻이 이러니 검찰도 선별적으로 기소를 합니다. 이것이야말로 현대 사회에서 있을 수 없는 일이 아닌가요?

이러한 정부의 행태에 가장 상처를 받는 분들은 다름 아닌 희생자 가족들과 그곳에 함께 있었던 생존자들입니다. 비난의 화살이 거꾸로 피해자들에게 돌아가는 꼴이지요. '놀러 가서 죽은 사람'이라는 막말과 함께 '순수하지 못하다'는 비난을 받습니다.

생존자 중에 참사 때의 정신적인 고통을 견디다 못해 자살한 분이 계세요. 현장에서 친구를 둘이나 잃은 10대 청소년이었어요. 그런데 이 사건을 두고 총리가 "좀 더 굳건하고 치료를 받아야겠다는 생각이 더 강했으면 좋았을 것"이라고 말합니다2022년 12월 15일 정례 기자 간담회. 악플러들이나 할 막말이 국무총리의 입에서 나온 거예요. 무책임한 수사는 여기서 끝나지 않습니다.

2023년 7월 15일 충북 청주시 궁평 제2지하차도^{오송 지하차도}가 폭우로 침수되면서 14명이 희생되는 사고가 일어납니다. 당시 윤석열 대통령은 해외 순방 중으로 우크라이나 방문을 앞두고 있었습니다. 문제는 순방 일정 취소를 고려한 적이 있느냐는 질문에 대통령실 관계자가 "대통령이 당장 서울로 뛰어가도 상황을 크게 바꿀 수 없다."고 말한 사실이 알려지면서 생겼습니다. 재해가 나든 사람이 죽든 대통령은 상관없다는 뜻일까요? 아니면 그냥 알아서 하라는 말일까요? 시민들은 어처구니가 없다는 반응입니다. 이런 무책임한 수사들이 공식적인 채널을 통해 나와요. 정치 철학자인 아이리스 매리언 영^{Iris Marion Young}은 『정의를 위한 정치적 책임』이라는 책에서 권력이 어떻게 구조적 부정의에 대한 책임을 회피하는지를 네 가지로 요약해서 설명했어요.

첫째는 물화^{物化}입니다. 이는 어떤 사건을 사람이 통제할 수 없는, 자연적 힘인 것처럼 다루는 겁니다. 무슨 말이냐 하면, 우리가 어떤 사고를 인재^{人災}가 아니라, 자연재해로 받아들이면 사람들이 책임을 묻지 않는 경향이 있잖아요. 그럴 수밖에 없었다. 다른 선택지가 없으며, 누구도 막을 수 없는 일이라고 하면 책임이 가벼워지는 거죠. 오송 참사 때 대통령이 뛰어가

왜 우리는 차별과 혐오에 지배당하는가?

도 달라지는 건 없다고 대통령실이 말한 게 바로 이런 태도입니다.

두 번째 전략은 연결성 부정입니다. 피해자와 나 사이에 직접적 연결이 없다는 점을 강조합니다. 사회적 의식을 흐릿하게 만들어서 타인과 연결되어 있다는 사실을 부인하는 겁니다. 한마디로 나랑 상관없는 일로 만드는 거예요. 요즘처럼 공동체 개념이 옅어지고 개별화된 사회에서는 나름대로 효과가 있는 전략입니다. 기후 위기 같은 문제가 대표적이에요. 우리가 '기후 위기' 하면 어떤 이미지를 떠올립니까? 북극곰이 녹아버린 얼음 빙산 조각 위에 위태롭게 서 있는 모습이 유명하죠. 그만큼 절박함을 느끼게 해주기는 하지만, 부작용도 있습니다. 너무 멀게 느껴져요. 북극곰이 굶어 죽든 살 곳을 잃든 나와는 상관없다고 생각할 가능성이 있습니다.

내가 직접적으로 북극곰의 삶의 터전을 위협한 건 아니라고 생각하기 쉽죠. 그런데 사실 기후 위기는 개인의 삶에 큰 영향을 미칩니다. 우리나라만 해도 이상 기온에 산불, 폭염, 가뭄 같은 자연재해가 잦아지고 있잖아요. 이로 인해 재산 손실을 보거나 심지어 목숨을 잃는 사람도 있습니다. 그럼에도 이 문제를 해결해야 할 국가권력은 손을 놓고 있어요. 책임의 영역은 나와 가족, 가까운 이웃처럼 내가 직접적으로 접촉하는 사람들까지만 해당되는 것이기에 먼 곳에서 배달 노동자들이 사망하든, 생물 다양성이 위협받든 나와는 상관이 없어집니다.

세 번째는 '직접성의 요구'입니다. '직접적인 상호 작용에서 오는 도덕적 요구로 거시적인 관점을 취하기 어렵게 만들기'로 설명할 수 있는데요. 앞서와 반대로 개인적으로 밀접한 관계에 책임을 다하느라 구조적 부정의에 대한 책임을 오히려 피해 나가는 겁니다. 예컨대 누군가 사고를 냈을 때, 친한 사람이니까 봐주자거나, 예전에 가깝게 지낸 누구누구니 적당히 넘어가자는 식으로 책임을 피하는 거예요. 나와의 상호 작용에서 오는 관계로 인해 구조적인 판단력이 흐려집니다. '우리가 남이가? 내부 총질하지 말자.' 이런 논리입니다. 그러면서 책임은 사라지고 사건은 유야무야 마무리됩니다. 나아가 내 가족, 내 측근을 구하기 위해 적극적으로 구조적 부정의를 만들어가기도 하지요.

마지막으로 네 번째는 '내 일이 아니다' 하는 태도입니다. 두 번째 '연결성 부정'과 비슷합니다. 다만 부정의가 나와 연결되어 있다는 것까지는 인식합니다. 거기까지는 인식하는데 그 문제를 해결하는 일이 나의 일은 아닌 거죠. 내가 어쩔 수 있는 일은 아니라고 믿는 겁니다. 예를 들면 우리가 방송에서 철거민이나 쪽방촌 사람들을 보게 됩니다. 재개발로 그들은 거처를 잃게 생겼어요. 분노는 하지만 내가 나설 일은 아니니까, 이들의 주거 환경은 정부에서 해결하겠지, 설령 정부가 모른 척하면 활동가들이나 할 일이지. 이렇게 정리하고 넘어갑니다. 나도 먹고살기 힘든데, 하는 생각들이 다 있죠. 우리가 일상에서 자주 겪는 일입니다. 시민의 무관심은 구조적 부정의를 지속하는 데 필수적이죠. 그러다 잊힙니다. 책임져야 할 권력은 그 틈에 숨어버리죠.

연대와 공동체 회복을 위한 말

그렇다면 부정의를 어떻게 해결할 수 있을까요? 매리언 영은 두 가지 모델을 제안합니다. 하나는 법적 책임 모델이고 다른 하나는 사회적 연결 모델이에요.

법적 책임 모델에서는 인과 관계를 따져 특정 행위자에게 책임을 부여합니다. 누군가 절도를 했고 그 피해가 명확하다면 해당 행위자가 책임을 지는 겁니다. 일면 합리적으로 보입니다. 그러나 이는 법적으로 아무런 문제가 없는 행위들로 인해 강화되어가는 구조적인 부정의에는 취약합니다. 누구도 책임질 수 없어요. 바로 대형 참사에서 정부가 보인 태도입니다. 법적 문제가 없으니 나는 책임질 일이 없다는 거죠. 대통령, 총리, 행안부 장관이나 경찰청장, 서울시장, 용산구청장 등이 보기에 이태원 참사는 자기 책임이 아닙니다. 고의성을 가지고 참사를 유발했거나 하지 않았잖아요. 이런 이유로 대통령뿐만 아니라 행정 당국 등 아무도 책임을 지지 않아요.

하지만 두 번째 모델인 '사회적 연결 모델'로 보면 어떻습니까? 일단 이 모델에서는 부정의의 원인을 잘못된 구조에서 찾습니다. 법적으로 특별히 해를 끼치지 않았더라도 여기에 일조한 사람들은 책임이 있어요. 이태원 참사의 원인은 행정 당국이 위험성을 인식하고도 사고 예방에 최선을 다하지 않았기 때문입니다. 이 모델에 따르면 그날 경찰들이 왜 예전에 비해 적게 배치되었는지, 인파가 몰린다는 보고서가 왜 중간에 삭제되었는지, 그 과정에서 책임을 질 사람이 있지 않은지 살펴보아야 합니다.

이 두 모델은 문제 해결 방식에서도 차이를 보입니다. 우선 법적 모델은 책임 있는 사람을 격리하여 책임이 없는 다른 사람과 분리합니다. 즉 감옥에 가두죠. 그 목적은 처벌입니다. 가해자 개인의 일탈을 원상태로 되돌리는 거예요. 다시는 죄를 짓지 않게끔 '교화'하는 것을 목적으로 합니다. 이 모델에서는 비난의 수사가 동원돼요. 죄를 지은 사람의 잘못을 비난

왜 우리는 차별과 혐오에 지배당하는가?

합니다. 그런데 이 모델에서는 도덕적 책임은 포함되지 않습니다. 나쁜 짓을 저지르고도 법망을 빠져나간 사람도 그렇고요. 법적 유죄를 증명하지 못하면 죄가 없는 것으로 간주됩니다. 살인이나 폭력을 저지르고도 증거가 없으면 책임을 물을 수 없어요. 처벌과 응징에만 몰두할수록 권력은 상대적으로 무책임해질 수 있습니다.

반면 사회적 연결 모델은 가해자를 격리하지 않습니다. 대신 그 배경을 살펴봅니다. 예를 들어 장애인 시위로 지하철 운행이 늦어졌어요. 법적 책임을 묻고 이들을 감옥에 보내야 할까요? 적어도 사회적 연결 모델은 그들의 동기를 살피는 게 우선입니다. 당사자를 비난하는 대신 책임의 수사를 사용합니다. 앞으로 장애인 이동권 보장을 위해 어떤 일을 할지 밝히는 거죠. 따라서 미래 지향적일 수밖에 없습니다.

법적 책임 모델을 추구하는 집단은 필연적으로 비난의 수사학을 만듭니다. 공산주의 추종 세력이니, 건폭이니, 지금까지 말씀드린 다양한 수사들이 그렇습니다. 거친 막말과 비난의 언어가 계속해서 생겨나는 이유예요. 이들에게는 자기들 기준에서 유무죄를 가리고 가해자와 피해자를 나누는 게 중요합니다. 처벌받을 사람이 분명해야 하니까요. 그런데 모든 일이 가해와 피해로 구별되는 건 아닙니다.

우리는 지금 그 어느 때보다도 무책임의 수사가 난무하는 시대를 살고 있습니다. 이런 상황에서 법적 책임만 따지는 일은 한계가 있어요. 정치적 책임의 회복이 너무나 중요합니다. 처벌과 책임은 동의어가 아닙니다. 누군가가 처벌받는다고 해서 그 사람이 책임을 졌다고 볼 수 없어요. 살인범이 감옥에서 평생 살게 되었다고 해서 그가 책임을 졌다고 할 수 없어요. 다만 잘못에 대해 응징을 받았을 뿐입니다. 그럼에도 우리는 자주 처벌과 책임을 혼동합니다.

국가는 구조적 부정의에 개입하고 책임 있게 해결해나가야 합니다. 그동안 우리는 책임을 회피하는 한편 소수자와 약자의 목소리를 가리고 가해자와 피해자를 뒤바꾸는 수사에 너무 많이 노출됐습니다. 우리가 상실한 언어가 무엇일까요. 말은 조용히 우리의 의식에 스며듭니다. 그리고 결국은 행동을 바꾸게 하죠. 지금이야말로 연대와 공동체 회복을 위한 수사를 고민해야 할 때라고 생각합니다.

혐오의 정치화와
극우 포퓰리즘

오인영

✸ 오인영

19세기 영국 자유주의 연구로 고려대학교에서 박사학위를 받았으며, 고려대학교에서 서양사 관련 강의를 하고 있다. 고려대학교 최우수 강의상인 '석탑강의상'을 10차례 이상 수상했으며, 논문으로는 「자유주의의 진화과정에서 본 신자유주의」, 「어느 역사학자의 자기반성」 등이 있고, 『과거의 힘』을 번역했으며 공저로 『다수를 위한 소수의 희생은 정당한가?』, 『인문학이 인권에 답하다』, 『10대와 통하는 청소년 인권 학교』 등이 있다.

2 | 혐오의 정치화와 극우 포퓰리즘

고려대학교 역사연구소의 오인영입니다. 오늘 우리가 나눌 이야기의 주제는 혐오와 차별입니다. 요즘 제 문제의식 중 가장 기본적인 것은 갈등과 이를 해소하는 방식입니다. 인간이 지구상에 출현하여 오랜 세월 진화의 과정을 거쳐 지금에 이르렀는데요. 비유적으로 말하면, 그중 최근 200~250년을 빼놓고는 모두 '칼의 시대'였다고 할 수 있어요. 그러니까 과거에 인간 사회의 갈등이 생기면 이를 해결하는 데 무력을 썼습니다. 그게 가장 확실하고 명료한 방법이었습니다. 세계 역사를 보면 최근까지 수많은 제국이 명멸했습니다. 몽골 제국이나 로마 제국은 강력한 무력을 토대로 전 세계에 광활한 영토를 지배한 대표적인 힘의 제국이었습니다.

혐오가 불러온 국제 정치의 위기

서양의 역사를 기준으로 하면 지금부터 1500년 전쯤에 그런 물리적 충돌의 세계에서 '신의 세계'로 넘어왔어요. 사회의 갈등을 해소하고 질서를 유지하기 위해 신의 말씀과 뜻을 내세운 시기였습니다. 섭리를 내세우던 중세에서 르네상스와 종교 개혁을 거쳐 과학 혁명이 일어나고 계몽사상이 널리 퍼진, 소위 근세로 넘어왔어요. 그동안에도 많은 전쟁이 있었습니다. 인간 사회의 갈등도 여전했습니다. 그렇지만 근세에 들어오면서 칼이나 신의 힘이 아니라 '말의 힘'에 의지해서 사회 문제를 해결하려는 시도가 늘어났습니다. 개인과 개인, 집단과 집단, 민족과 민족, 국가와 국가 사이의 갈등을 문명적으로 해결하려면, 막무가내식의 칼부림이나 과학적으로 해석하기 어려운 섭리가 아니라 이성과 대화에 의존하는 게 바람직하다는 슬기가 커진 것이죠.

크게 보았을 때 인류 역사는 오랫동안 갈등을 해결하려는 두 개의 흐름이 존재했어요. 즉각적으로 물리적 힘을 통해 판가름하려고 했던 '야만의 방식'과 제도 안에서 논리적 힘에 의지해서 갈등을 적절하게 제어하려는 '문명의 방식'이 그것입니다. 인류가 그동안 수많은 희생을 치르면서 깨우친 최고의 문명의 방식은 바로 '자비'와 '사랑'입니다. 한쪽 뺨을 맞으면 다른 쪽 뺨을 내놓으라는 종교적 가르침이 그런 것이죠. 예수와 석가의 사상은 바로 사랑으로 갈등을 치유하는 대표적 방식입니다. 그러면서 뜻있는 많은 사람이 세상을 파괴하지 않고 물리적으로 생명을 빼앗지 않고, 갈등을 합리적으로 통제할 수 있는 방법을 모색해왔어요.

갈등의 원인에는 항상 배분의 문제가 등장합니다. 발생한 이익을 어떻게 나눌 것이냐 하는 문제로 갈등을 겪어요. 이때 칼이 아니라 말로 해결하자는 아이디어가 정착된 지는 그리 오래되지 않습니다. 근세를 거치면서 이러한 문명사회로 진입했다고 이야기할 수 있습니다. 심지어 미국의 어느 학자는 미국 민주주의가 궁극적으로 정착된 것은 1965년 이후라고 주장해요. 어쨌든 제 생각에는 갈등 해소의 수단이 칼에서 말로 넘어온 게 인간이 문명을 건설한 이후 이룬 최대의 업적이라고 생각해요. 특히 제1·2차 세계 대전을 겪으면서 갈등을 무력으로 해소하려는 시도는 모두가 공멸하는 전쟁을 낳을 수 있다는 위기의식이 생겼습니다.

그래서 우리가 정치적 의견이 다르거나 경제적 이해관계가 엇갈리거나 혹은 사회적 신분에 차이가 있을지라도 여기서 비롯되는 갈등을 평화적 방식으로 해결하려는 시도는 결정적으로 중요해졌어요. '인종 청소'이 용어의 잔인함이라니! 같은 사람을 죽이거나 전멸시키는 반문명적인 방식이 아니라 대화와 토론이라는 문명적 방식이 필요한 거예요. 물론, 양보와 타협을 전제로 하는 합리적 대화와 소통은 쉽지 않습니다. 그러나 불완전한 평화가 확실한 전쟁보다 낫다는 생각으로 생명과 문명을 지키려는 노력을 계속해야 합니다.

개인적으로는 인간의 역사는 늘 과거보다 나아지는 방향으로 흘러왔다고 믿습니다. 지배자 혼자만 자유로운 체제에서 소수 지배층이 자유로운 체제로, 그러다가 점점 더 많은 사람이 자기 삶의 주인이 되는 세상이 되었으니까요. 이를 그럴듯하게 말하자면, '역사란 역사에 참여하는 주체의 확대 과정'이라고나 할까요. 오늘날 많은 국가에서 다수의 행복과 다수의 의결이 존중받는 민주주의를 채택하고 있습니다. 물론 여기에는 명암이 있습니다만 최소한 (극)소수가 당연하다는 듯이 권리와 권력을 독점하던 시대는 '거ᅕ'했다는 점을 강조하고 싶어요. 그런데 요즘 민주주의가 위기를 겪고 있습니다. 바로 혐오의 정치 때문입니다. 잠시 영국과 미국 이야기를 해보겠습니다.

2016년 6월 영국이 유럽연합^{EU}에서 탈퇴합니다. '브렉시트 BREXIT'라고 하는 이 결정을 한 것은 다름 아닌 영국 국민이었습니다. 국민 투표로 가결되었어요. 그런데 요즘 뉴스를 보면 이걸 후회한다고 해요. 과반수가 다시 유럽연합으로 돌아가야 한다고 생각한다는 여론조사가 들려옵니다. 그런데 같은 해 11월 트럼프가 미국 대통령으로 선출됩니다. 잘 아시다시피 트럼프는 미국 민주주의를 퇴보시킨 인물로 평가받고 있습니다. 2021년에는 그가 재선에 실패하자 지지자들이 민주주의의 상징인 의사당에 난입하여 폭력을 자행하는 사태까지 일어나요.

영국은 전 세계 의회주의의 시작을 알린 나라이지요. 미국은 스스로 근대 민주주의의 대표 주자를 자임하고 있습니다. 그런데 어떻게 이런 일들이 버젓이 벌어질 수 있었을까요? 영국과 미국의 사례를 보면서 사람들은 민주주의가 과연 제대로 작동하고 있는가? 하는 강한 의문을 품기 시작합니다.

우리나라는 어떨까요? 우리는 한동안 아시아 민주주의, 아니 세계 민주주의의 모범으로 평가받았습니다. 지금은 먼 옛날 일처럼 느껴집니다만 박근혜 탄핵을 불러온 촛불 시위는 전 세계 민주 시민들에게 깊은 인상을 주었습니다. 물리적으로 왕의 목을 치는 헌정 질서 파괴나 체제 전복의 방식이 아니라 수많은 시민이 (촛불을 들고 광장에서 민주주의를 외치는) 평화적 참여의 방식으로 국기 문란의 사태를, 민주주의의 위기를 극복했지요.

당시만 해도 한국의 위상이 크게 높아졌다는 이야기가 많았어요. 문화·예술뿐만 아니라 민주주의까지 선도하는 나라가 되었습니다. 한국 사회가 가지고 있는 역사적 역동성이 세계를 강타하는 반동의 물결 속에서도 한국 민주주의의 활력을 만들어낸 것이죠. 포퓰리즘의 문제점을 연구하는 어떤 학자는 한국의 직접 민주주의만큼은 예외적인 현상으로 취급했을 정도입니다. 하지만 이러한 영광은 잠시, 우리도 심각한 민주주의 후퇴를 겪게 됩니다.

오늘날 북유럽 국가들은 전 세계에서 민주주의와 인권 지수가 제일 높습니다. 스웨덴, 노르웨이, 덴마크, 핀란드 같은 나라들이 그렇죠. 그런데 이런 나라들에서 요즘 극우 정당들이 약진하고 있어요. 전 세계에서 가장 뛰어난 시민 교육과 민주주의 인권 의식을 가진 나라로 평가받는 독일도 마찬가지입니다. 현재 유럽의 수많은 나라에서 이런 현상이 일어나고 있어요. 역사를 가르치는 사람으로서 이걸 학생들에게 어떻게 설명해야 할지 난감합니다. 그동안 우리가 보고 배워야겠다고 생각한 나라에서 극우 포퓰리즘 정당들이 득세하고 민주주의가 훼손되고 있잖아요. 역사적인 상황이 워낙 빠르게 변하다 보니 무력감이 느껴질 정도입니다.

그런가 하면 오늘날 우리 앞에 펼쳐지고 있는 한국 사회의 모습은 어떻습니까? 지금의 윤석열 정부는 우리가 아는 정치 체제 중에서 어디에 해당할까요? 파시즘이나 전체주의라고 말할 수 있을까요? 그런 측면도 없진 않지만, 파시즘 체제라고 쉬이 단언하기는 어렵습니다. 시장 만능주의적 자유주의나 국가 지상주의? 이러한 틀로 규정하려 해도 딱 들어맞지 않아요. 그러다 지금 윤석열 정권의 한국을 설명하는 데 유용한 틀을 찾다가 '포퓰리즘'에 주목하게 되었습니다.

포퓰리즘이란 무엇인가

포퓰리즘이 뭘까요? 여러 정의가 있겠습니다만 간단히 말씀드리면 대중의 불만과 혐오를 자극해서 권력을 얻으려는 전략쯤으로 이해할 수 있습니다. 과거 파시즘도 이러한 포퓰리즘적 성격을 갖고 있었습니다. 우리가 파시즘이라고 하면 집단 학살이나 인종 청소 같은 강렬한 이미지를 갖고 있는데요. 파시즘도 강성 파시즘과 연성 파시즘이 있습니다. 제가 오늘 힘주어 말씀드리고자 하는 부분도 바로 포퓰리즘과 파시즘, 또는 둘의 관계 문제예요. 일단 사회학이나 정치학, 역사학에서 논의되고 있는 포퓰리즘이나 파시즘의 특징을 살펴보려 해요. 여기서 우리의 정치와 사회 현실을 이해하는 데 도움을 받을 수 있을 거라고 생각합니다.

우리나라를 비롯해 전 세계를 휩쓸고 있는 민주주의의 위기 이면에는 바로 포퓰리즘 현상이 있습니다. 그리고 그 포퓰리즘의 근저에는 본질적으로 혐오의 정서가 있다고 봅니다. 혐오는 일상이나 사회적 차원에서 누구나 느낄 수 있는 감정입니다. 이걸 정치의 공간으로 끌어들인 게 바로 극우 포퓰리즘 정치예요. 이런 문제의식하에 정치적 이익을 위해 의도적으로 혐오를 퍼뜨리는, 즉 '혐오의 정치화'를 우선 말씀드리려 합니다.

과거 세계 대전 시기 맹위를 떨치며 홀로코스트 같은 집단 학살을 일으킨 파시즘은 패전 이후 역사 속으로 사라집니다. 그러다 1980년대 이후 신나치 혹은 뉴라이트 등의 이름으로 재등장하는데요. 21세기에 들어서면서 제도권 정당에 진입하여 정치 세력화해요. 대표적인 게 프랑스의 국민전선입니다. 2022년 대통령 선거에 당수인 마린 르펜이 대통령 결선

투표에서 무려 41% 넘게 지지를 받아요. 이때 마크롱의 득표율이 58%였습니다. 지금도 르펜은 유력한 정치인이에요. 국민전선은 유럽연합 탈퇴와 이민 반대, 사형제 부활 등 전형적인 극우 정책을 내걸고 있습니다.

현재 유럽에서는 이러한 극우 정당 약진이 일종의 정치적 현상이 되고 있어요. 왜 이런 일이 생긴 걸까요? 여러 원인이 있겠지만 제가 생각할 때 가장 큰 이유는 신자유주의의 출현입니다. 1980년대 영국의 대처 총리나 미국의 레이건 대통령이 강력하게 이 정책을 추진했지요. 신자유주의는 노동 시장 유연화와 자본 이동의 자유 확보 등을 지향합니다. 사회 복지 등 사회적 약자에 대한 보살핌은 축소하고 자본에 대한 규제를 철폐해요. 이로 인해 부가 집중되면서 중산층이 무너지는 현상이 생겨나지요.

노동 시장이 유연화되면서 상대적으로 가난한 나라의 노동자들이 유럽 노동 시장에 유입됩니다. 기업 입장에서는 비용을 최소화할 수 있게 되는 거죠. 그러다 보니 일자리 경쟁이 벌어집니다. 전체적으로 임금이 낮아지니 노동자들의 소득이 감소합니다. 자본 이동으로 일자리 자체가 위협받게 되면서 중산층의 삶이 흔들려요. 이게 첫 번째 원인입니다. 포퓰리즘을 분석하는 연구 등에서 제가 예외 없이 확인할 수 있었던 부분입니다.

신자유주의적 세계화가 만든 사회-경제적 불안과 공포가 극우 포퓰리즘의 토양이 되고 있어요. 일단 나 먼저 살고 보자는 심리랄까요. 이주자나 사회적 약자에 대한 혐오를 부추기는 극우 정당에 자꾸만 눈이 가는 겁니다. 공동체보다는 개인의 생존이 우선인 세상으로 바뀐 거예요. 경제 문제가 기존 정당이나 정치 제도 안에서 해결되지 않다 보니 불만이 커집니다.

또 하나는 문화적 다원주의 흐름이 확산되면서 여성, 성 소수자, 이주자 등 그동안 인권을 누리지 못했던 사람들의 권리가 강조되는 흐름입니다. 이는 민주주의 발전의 당연한 결과지만 기득권층에서는 자기 권리를 빼앗긴다고 생각할 수 있어요. 여기에 대한 반발심이 극우 정당에 대한 지지로 이어지는 거예요.

사회적 소수자들이 자기 목소리를 내고 이를 포용하는 다원주의적 문화가 확산되면서 여기에 대한 반작용이 생깁니다. 과거의 권위주의나 전통적인 체제로 회귀하려는 움직임이 나와요. 지금 우리나라도 이러한 현상을 목격하고 있습니다. 최근에 광주 민주화 운동을 배경으로 한 영화 〈서울의 봄〉이 크게 흥행한 적이 있습니다. 그런데 이 영화를 보고 나온 친구가 그래도 그때는 경제가 발전해서 대학 다니면서 데모만 했어도 취직은 잘됐다는 식으로 얘기해요. 민간인 학살을 해도 경제만 좋으면 된다는 식인 거죠. 이런 논리는 은근히 박정희 향수를 소환합니다. 경제적으로 불안하다 보니 군사 독재 시절 경제 호황기가 마치 그들의 업적인 양 호도하는 거예요.

　어쩌면 우리는 생존의 위협 속에서 각자도생의 시대를 살고 있는지도 모릅니다. 전쟁을 겪은 세대의 이야기를 들어보면 그들의 첫 번째 목표는 생존이었습니다. 나와 가족이 어떻게든 살아남아야 한다고 생각했어요. 그러면서 그 외의 사람들을 생각할 겨를이 없었습니다. 과거 무능했던 국가는 이러한 상황을 해결하지 못했어요. 그런데 경제 성장을 거듭하고 국민총생산GDP 규모가 세계 10위에 가까이 되는 요즘도 달라진 게 없습니다. 심지어 대통령까지 나서서 각자 알아서 자기 능력대로 성공해야 한다고 주장해요. 부자들의 세금을 깎아주고 서민 예산은 삭감하는 행태를 보이고 있지요. 여기에 동조하는 국민도 있습니다. 그렇게 함으로써 과거 권위주의 정권 시절의 경제 호황이 다시 올 수 있다고 믿는 것일까요. 여하튼 사회적 약자에게 기득권을 빼앗길까 두려워하는 사람들이 이들을 지지합니다. 여기에서 혐오의 정치학이 작동한다고 저는 생각해요.

개인적 차원에서 혐오는 타인에 피해를 주지 않는 한 별문제가 없습니다. 이를 완화하는 윤리 도덕적 장치들이 있었고요. 그동안 최소한 이것만큼은 지키자는 사회적 선이라는 게 있었습니다. 그런데 지금은 '돈'이 거의 모든 가치 판단의 기준이 되면서 양심이나 윤리를 거추장스럽다고 생각하는 세상이 되어버렸습니다. 한편에서는 국민과 공동체를 지켜야 할 정치가 오히려 혐오를 부추기고 선동합니다. 오늘날 우리가 목격하고 있는 것이 바로 이러한 혐오에 기반한 포퓰리즘 정치입니다.

민주주의 내부의 적

그렇다면 이러한 포퓰리즘 정치의 문제점은 무엇일까요? 우선 첫 번째로 오늘날 민주주의의 위기, 극우 포퓰리즘의 득세, 파시스트 정치 전략의 창궐 등이 외부가 아닌 민주주의의 내부에서 발생한 내생적 위기라는 점이에요.

"로마 제국은 왜 멸망했는지 논하시오." 서양사 개론 같은 과목에서 잘 나오는 문제 중 하나죠. 보통 게르만족의 침입을 꼽습니다만 정치 사회적 불안 등 내부적 요인이 훨씬 더 중요합니다. 거대한 제국은 항상 내부에서 무너지기 시작해요.

왜 우리는 차별과 혐오에 지배당하는가?

오늘날 민주주의도 마찬가지입니다. 민주주의 바깥에서 민주주의를 위협하는 게 아니라, 민주주의 자체의 취약점에서 생성되고 있어요. 합법의 틀을 쓰고 대중의 동의를 얻는 방식으로 등장해요. 극우 포퓰리즘이 그렇습니다. 이런 흐름이나 현상이나 세력이 사회 전체에 혐오를 만연시킵니다. 그럼으로써 또다시 극우 포퓰리즘이 준동하는 악순환이 계속되는 거예요.

악이 일상화되면서 그게 악인지도 모르면서 지지하는 거죠. 심지어 그게 정상으로 보이기까지 합니다. '혐오 정치'의 가장 큰 문제가 바로 이것입니다. 제도 정치가 혐오를 퍼뜨리면서 상식을 비정상으로, 비정상을 정상으로 만드는 거예요. 혐오가 혐오를 덮고 사건이 사건을 덮는 기이한 일이 한국 사회에서도 이어지고 있습니다. 이는 전 세계적 현상이기도 합니다. 우리만의 문제가 아니에요. 이를 극복하려면 극우 포퓰리즘 세력의 특징과 전략을 알아야 합니다.

먼저 21세기 극우 포퓰리즘의 특징입니다. 제가 크게 네 가지로 정리를 해보았는데요. 첫 번째가 배타적 '국민' 개념입니다. 두 번째는 기성 질서에 대한 거부, 세 번째가 국민 대 엘리트의 이분법적 선악 구도, 네 번째가 배제와 혐오의 정체성 정치입니다.

경제적 상황이 나빠지면 사회적 불평등이 커지고 이에 따라 사회적 적대감이 증가하는 경향이 있습니다. 이때 '차이'에 기반한 혐오가 발동해요. 국적과 성별, 종교, 인종, 이념 등이 동원됩니다. 이걸 정치에 끌어들여서 소위 갈라치기를 하는 겁니다. 이를테면 내가 일본인이니까, 미국인이니까 혹은 남성이니까, 기독교인이니까, 하는 식으로 나머지 사람들을 배척해요.

낙오된 계층이 문제의 근원을 구조적인 데서 찾지 않고 외국인 이주자들이나 혹은 특정 인종을 배격하는 것으로 해소해요. 그런 현상이 극우 포퓰리즘의 배경이 됩니다. 그러니까 내 편과 네 편을 갈라서 차별과 혐오를 부추기는 한편 자기들 스스로 정체성을 만드는 겁니다. 이게 바로 배타적 국민 개념이에요. 즉 '우리'만 국민이라는 겁니다.

두 번째가 기성 정치 거부인데요. 이들은 현재의 문제를 일으킨 주범으로 주류 정치 자체를 지목합니다. 그러면서 마치 자신들이 이들을 심판하는 세력으로 홍보해요. 요컨대, 극우 포퓰리즘은 "반부패 정치"를 내걸고 엘리트로 상징되는 정치적 주류들을 비판하면서 다원화를 추진하는 특정 법률뿐만 아니라 정치인과 정당, 나아가 기성 정치 제도 자체에 대한 불신을 퍼뜨립니다. 싸잡아 비판하면서 혐오를 키우고 이를 기반으로 권력을 얻으려는 전략입니다.

세 번째 국민 대 엘리트의 이분법적 선악 구도 역시 두 번째와 관련이 있는데요. 기성 주류 정치를 엘리트 정치로 규정하면서 일반 국민과 부패하고 악한 정치인의 대립으로 구도를 만드는 겁니다. 우리나라 정치도 그렇죠. "그놈이 그놈"이라면서 정치 혐오를 부추기면서 정작 자기들 권력을 강화해나가요. 이처럼 극우 포퓰리즘은 엘리트들이 장악한 정치 자체를 적으로 삼습니다.

마지막 네 번째는 배제와 혐오의 정체성 정치로 극우 포퓰리즘의 가장 큰 해악이라고 할 수 있습니다. 서양의 경우에는 '인종에 기초한 혐오'가 대표적 현상이라면 제가 생각할 때 우리 사회는 '이념에 기초한 혐오'가 뿌리 깊고 강합니다. 여기에는 한국 전쟁과 이후 벌어진 냉전 시대가 큰 영향을 끼쳤습니다. 소위 말하는 좌파니 친북이니 하는 게 '빨갱이' 콤플렉스의 다른 이름이잖아요. 이제는 민주와 평화를 추구하는 사람들까지 친북 세력이라고 합니다. 흔히 인종에 기초한 서양의 극우 포퓰리즘하고 차이가 있죠.

극우 포퓰리즘의 공세

우리 사회에서 이런 극우 포퓰리즘은 신화를 만드는 걸 좋아합니다. 박정희와 전두환이 그렇게 만들어진 인물들이죠. 두 사람은 군사 쿠데타로 집권한 인물들입니다. 이들이 경제 성장을 이끌었다는 일종의 망상을 널리 퍼뜨리는 겁니다. 이를 통해 자기들의 정체성을 강화하고 여기에 동의하지 않는 사람을 배제하려는 전략입니다. 극우 포퓰리즘의 일반적 특성을 그대로 갖고 있어요.

단순한 이분법에 기초하기 때문에 포퓰리즘을 인민주의 혹은 대중 영합주의로 번역하기도 합니다. 인민과 대중이라는 말을 붙이기는 했지만 실제로는 지지 세력에게만 호소하는 전략을 구사합니다. 그러니까 그들이 말하는 '국민'은 자기들에게 동의하는 사람만을 뜻해요. 우리나라 대통령이 각종 연설에서 자유, 반공 등 구시대적 개념들을 반복하고 있는 것도 그렇습니다. 과거 군사 독재 시절 외쳤던 말들을 소환함으로써 전통적인 지지층에게 메시지를 던지는 겁니다.

확실한 지지층을 포섭함으로써 기울어진 운동장 전략을 쓰는 거예요. 개혁과 변화보다는 과거의 체제를 고수하려는 사람들에게 호소함으로써 권력을 연장할 수 있다고 보는 겁니다. 우리나라에서는 이러한 전략이 꾸준히 먹혔어요. 최소 20~30%는 지지합니다. 이들은 자기들을 대한민국의 주류로 인식해요. 이들에게 자신들과 생각이 다른 사람은 배제되고 차별받아 마땅합니다. 기본적으로 소수자들은 능력이 없는 이들로 성공과 자유를 누릴 자격이 없다고 생각해요. 이들에게는 그게 공정입니다.

오늘날, 능력이 공정이라는 생각이 전 세계를 지배해요. 이는 이미 부와 권력을 가진 사람들이 그렇지 못한 사람들을 배제하는 논리로 쓰입니다. 자기들의 기득권에 도전하는 사람들은 무능력한 사람, 성공할 자격이 없는 사람일 뿐이에요. 여기에는 제도권 언론이 자기들 편이라는 강한 자신감도 작용합니다. 우리 언론은 기본적으로 보수 기득권층의 목소리를 그대로 전달해요.

현대 국가는 사회의 다양한 이익 집단들의 의견을 제도 안에서 조화롭게 조율하고 결과적으로 국민 전체 이익과 국민 안전을 지키는 것을 목적으로 합니다. 당연한 헌법적 책무입니다. 그래서 다른 나라의 언론들은 국가가 이런 책무를 방기할 때 비판하고 바로잡는 것을 자기들의 역할로 생각해요. 미국이 그렇습니다. 트럼프 대통령이 아무리 망쳐놓아도 그나마 지금의 민주주의를 유지하는 게 미국 언론 덕분이에요. 독일 철학자 위르겐 하버마스가 말한 '공론장'이라는 게 여전히 작동합니다. 그래서 트럼프의 잘못된 행동을 꼬집고 비판하는 언론 보도가 많았어요.

CNN, NBC, 〈워싱턴 포스트〉, 〈뉴욕 타임스〉 같은 전국 단위 언론이 트럼프와 각을 세웠습니다. 심지어 보수 성향 언론인 폭스 뉴스도 트럼프를 비판했어요. 이에 반해 우리 언론은 어떻습니까? 윤석열 정부의 논리를 그대로 답습하고 있어요. 간혹 기계적 균형을 유지한다면서 말도 안 되는 논리를 똑같은 무게로 취급합니다. 이쪽도 비판하고 저쪽도 비판하는 게 공정은 아니잖아요.

우리 사회에서 극우 포퓰리즘, 이념적 마타도어^{중상모략이나 흑색선전}나 도그마^{독단적 신념}가 창궐할 때 이를 걸러주고 균형을 잡아줄 정론지가 없다는 게 지금의 미국과 다른 점이며 우리 사회의 아주 큰 문제점이라고 생각합니다. 언론을 흔히 입법부, 행정부, 사법부에 더해 이들을 견제하는 제4부라고 합니다만, 우리 현실에서는 전혀 그렇지 않아요. 권력과 한 덩어리가 되어 굴러갑니다. 심지어 언론이 나서서 혐오를 퍼뜨려요. 미국과 유럽의 언론들이 극우 포퓰리즘과 혐오의 정치와 거리를 둘 수 있는 건 그들의 역사적 경험 때문입니다.

유럽은 인종주의 역사를 반성할 수밖에 없어요. 그로 인해 많은 사람이 희생되었기 때문입니다. 히틀러의 나치즘이 그 랬고 노예사냥의 역사가 그랬죠. 이와 관련해 1551년 스페인 에서 벌어진 '바야돌리드 논쟁'은 그들의 오래된 인종주의적 사고를 잘 보여줍니다. 당시 선교 목적으로 아메리카를 찾은 라스 카사스 신부와 학자였던 세풀베다 사이에 있었던 논쟁 입니다. 신부는 당시 정복자들의 잔혹 행위를 고발하면서 인 디오들을 보호하고자 했어요. 세풀베다는 이들은 예수 그리 스도도 모르고 말도 못 하는 야만인이라며 강압 통치를 옹호 했습니다.

논쟁은 교황청이 인디오들은 예수 그리스도를 모르기에 인 간이 아니라고 결론 내림으로써 끝납니다. 그 결과는 어땠어 요? 식민지 원주민의 대량 학살과 노예화가 이루어집니다. 그 러다가 결국에는 세계 대전까지 겪게 되는 거예요. 그래서 유 럽과 미국 사회에는 혐오의 정치가 공멸로 이어질 수 있다는 위기의식이 어느 정도 있습니다.

우리는 그렇지 않죠. 오히려 과거 분단과 전쟁의 경험 때문 에 이념에 기반한 혐오가 득세하고 있습니다. 과거 유럽을 휩 쓴 인종주의의 자리를 극우 반공주의가 차지하고 있는 셈입 니다. 언론도 이걸 거듭니다. 과거에는 정치에서 '통합'을 중 요시했습니다. 그래서 역대 정부에서는 이걸 국정 운영의 목표로 삼았어요. 그런데 지금 윤석열 정권에서는 사라진 말이나 다름없어요. 타협과 상생이라는 말도 우리 정치에서 찾아보기 힘들어졌습니다.

그러니까 지금 우리나라 민주주의는 형식과 내용 양 측면에서 모두 약화되었다고 볼 수 있습니다. 민주주의라는 게 다양한 견해를 사회적 공론장에서 논의하고 제도적 틀 안으로 가져와 토론과 타협으로 이끄는 거잖아요. 그런데 지금의 정부와 여당은 이런 노력을 전혀 기울이고 있지 않아요.

의회주의의 산실인 영국 국회의사당에 가보면 여당과 야당이 마주하는 구조입니다. 그런데 하원 의원 의회 바닥에는 빨간색 두 줄이 그어져 있는데요. 예전 허리에 칼을 차고 다녔던 시절에, 칼을 휘둘러도 상대방에게 닿지 않는 거리인 2.5미터 너비에 표시한 소위 '소드 라인sword line'입니다. 토론하다가 흥분해서 벌어질 수 있는 의원들 간의 몸싸움이나 칼부림을 막기 위한 장치인 셈이지요. 한마디로 무력이 아닌, 말로 해결하라는 것이지요. 여기에는 의회는 싸우는 자리가 아니라 합의를 끌어내는 곳이라는 생각이 깔려 있습니다. 조금 천천히 가더라도 토론하고 타협하자는 게 민주주의 정신인데, 요즘 정부 여당은 이런 기초적 규범조차 지킬 생각이 없어 보입니다.

　　　　　왜 우리는 차별과 혐오에 지배당하는가?

혐오 정치의 여덟 가지 전략

혐오의 정치는 상식을 파괴합니다. 우리는 현실에서 이미 그런 일을 겪고 있어요. '자유'를 말하면서 사람들의 자유를 탄압합니다. 언론에 재갈을 물리고 멀쩡한 사람을 감옥에 가둬요. 이런 일이 자꾸 벌어지다 보니 사람들이 자기 검열을 하기 시작합니다. 문제는 이러한 일들이 악의 이름이 아닌 선의 이름으로 행해진다는 거예요. 일종의 사회적 질병인데, 스스로를 치료제라고 우기는 병이랄까요. 그러니까 이런 치료제는 퍼지면 퍼질수록 사회 전체에는 병이 만연하게 되지요. 이러한 현상은 언어와 가치를 전도시킵니다. 독재와 전체주의 편에 선 사람들이 자유와 민주주의라는 말을 점유해요. 그러면서 실제로는 우리 사회의 자유와 민주주의를 위협합니다.

그렇다면 이러한 혐오의 정치는 어떤 전략을 사용하는지 구체적으로 알아보도록 하겠습니다. 미국 예일대학교 철학과 교수인 제이슨 스탠리는 그의 책 『우리와 그들의 정치-파시즘은 어떻게 작동하는가』에서 혐오의 극우 포퓰리즘이 만들어내는 파시스트 정치의 패턴과 정치적 결과를 잘 보여주고 있습니다. 그는 극우 포퓰리즘의 전략으로 열 가지를 꼽았는데요. 그중 몇 개를 말씀드려 볼게요.

첫 번째는 신화적 과거 만들기입니다. 좋았던 옛날을 근거로 현재를 부정하는 겁니다. 예전에 소위 '아스팔트 우익'이라고 해서 광화문에서 군복 입고 시위하던 노인들이 있었습니다. 이들은 민주주의가 진행된 현재보다 과거 강압적이고 권위적이었던 시절이 더 낫다고 생각해요. 이런 생각들을 부추기고 현실에 대한 불만을 자기들의 기반으로 만들어나갑니다. 과거가 실제로 그랬다기보다는 극우 포퓰리즘이 필요에 따라 발명하는 측면이 커요.

두 번째는 프로파간다propaganda, 선전 작업입니다. 앞서 설명드렸듯이 자신들이 행하는 모든 일을, 모든 악을 선의 이름으로 포장합니다. 자기들의 행위를 자유와 민주주의를 지키기 위한 것으로 선전해요. 윤리적이고 도덕적인 단어들을 가져와서 자신들이 벌이는 권력의 오남용을 가리는 데 사용합니다. 요컨대 공정과 상식을 말하면서 불평등을 강화하고 법치를 들먹이며 온갖 편법 행위를 벌입니다.

대표적 사례가 2017년 발생한 미국 포틀랜드 열차 테러 사건입니다. 제러미 조지프 크리스티안이라는 극우주의자가 히잡을 쓴 이슬람계 미국인 여성 두 명을 비방하며, 이를 말리던 시민 세 명을 흉기로 가격하고 이 중 두 명을 죽게 합니다. 그런데 재판에서 이 사람이 하는 말이 미국은 표현의 자유가 살아 있는 나라라는 거였어요. 두 명의 사람을 죽음에 이르게 한 사건을 '표현의 자유'라는 말로 합리화하는 겁니다. 더욱 기막힌 것은 그다음에 일어난 일이에요. 트럼프가 한 집회에서 그의 소송 비용을 자신이 책임지겠다고 공언해요. 이건 무슨 뜻입니까. 극우주의자들에게 계속 그런 행동을 하라는 말이지요. 자기가 뒤를 봐주겠다는 거예요.

세 번째는 반지성주의입니다. 자기들 비판을 못 하게끔 대학과 교육 기관을 공격해요. 우리나라를 예로 들면, 현재 영화계와 문화계, 교육계 등 사회 각 부분에 좌파들이 판을 쳐서 우파가 자기 목소리를 못 낸다는 주장이 있습니다. 예전에 박근혜 대통령이 역사 국정 교과서를 추진하자 전국 사학과 선생님들 대부분이 반대해요. 이런 일이 생겼을 때 '좌파들이 설치는 바람에 우파들이 자기 목소리를 못 낸다'는 식으로 비난하는 겁니다.

제가 아는 어떤 분은 이를 두고 외려 '반지성주의'라고 매도하더군요. 어떻게 만장일치에 가깝게 국정 교과서를 반대할 수 있느냐는 거예요. 그래서 제가 말씀드렸어요. "선생님, 지금 지동설을 믿는 사람이 98%가 넘습니다. 이 사람들이 모두 전체주의자고 극단주의자일까요." 반지성주의는 옳고 그름의 문제를 진영 간 대결로 바꿔치기합니다. 천동설은 틀린 거고. 지동설이 옳은 거잖아요. 역사책을 정부가 나서서 쓴다는 게 말이 되냐고요. 거기에 온전히 역사가 담길 수 있겠어요?

스탠리는 또한 파시스트 정치극우 포퓰리즘가 반지성주의를 통해 정치 언어의 질을 저급하게 만든다고 지적합니다. 그러면서 사람들의 감정을 자극하고 현실을 호도해요. 그들은 현실을 고찰하고 비판하며 대안을 찾는 일을 가로막습니다. 다원주의와 다양성, 개인의 자유와 사회적 소수자에 대한 배려 등을 가르치는 일에 반대합니다. 비판적인 생각을 막아 자기들의 비상식적 의도를 관철시키려는 겁니다.

네 번째는 음모론과 가짜 뉴스 유포입니다. 수시로 거짓말을 반복함으로써 무엇이 진실인지 헷갈리게 만들어요. 이성적 논쟁 대신 거짓 사실로 사회를 혼란에 빠뜨립니다. 문제의 핵심에 접근하지 못하게 해요.

다섯 번째는 집단적 차이를 강조하고 이를 토대로 위계를 세운다는 겁니다. 인간 사회에서 차이가 없을 수는 없습니다. 오히려 똑같은 게 더 이상하죠. 그런데 이 차이를 기준으로 위계를 나눕니다. 그러고는 이를 신의 이름이나 자연 원리 또는 법칙의 이름으로 정당화해요. 예컨대 특정 인종이 머리가 좋고 지적 능력이 뛰어나면 자연히 나머지 인종이 열등해지는 거죠.

왜 우리는 차별과 혐오에 지배당하는가?

여섯 번째가 '피해자 의식' 부추기기입니다. 극우 포퓰리즘은 사람들에게 자신들의 권리를 빼앗겼다고 믿게 만듭니다. 실제론 특권인데 그걸 당연한 권리로 느끼게 만들어요. 과거 백인 남성들이 누렸던 특권이 소수 인종에게 빼앗긴 권리로 둔갑합니다. 예컨대 노예주가 남부에서 수천 명의 노예를 데리고 목화 농사를 짓습니다. 그런데 노예 해방 선언으로 이제는 이들에게 생존에 필요한 식량뿐만 아니라 정당한 대가를 치러야 해요. 지금 생각하면 너무도 상식적인 일이지만, 당시 노예주 입장으로는 마치 자기 권리를 박탈당하는 일처럼 여겨집니다. 아마도 속으로는 '여태 노예들 먹이고 재우고 잘 살아왔는데, 왜 이런 내게 피해를 줘.' 하고 생각할지도 몰라요. 뭔가 빼앗기는 기분이 들죠.

일본의 극우들이 조장하는 한국 혐오도 이런 맥락에 있습니다. 일본인들이 볼 때 일본은 1840년대 이후로 근대화를 시작한 '앞선 나라'입니다. 한국인은 '조센징'이고 자기들은 '근대인'이에요. 그런데 어느 날 눈을 떠보니 한국 경제가 급성장하고 국제적 영향력이 커집니다. 지금 일본은 만성적인 저성장에 시달리고 있죠. 과거 세계 경제를 주도하던 일본이 아닙니다. 그런 상황에서 자기들이 식민 지배했던 한국이 자꾸 과거 전쟁 범죄 사과와 배상을 요구해요. 이들이 보기에는 침략으로 일군 대일본 제국이야말로 커다란 자긍심이잖아요. 그걸 한국이 자꾸 깨뜨리는 거예요. 역시나 빼앗기는 기분이 들 겁니다.

지금 일본의 극우가 조장한 한국 혐오가 얼마나 심각하냐면, 도쿄의 가장 큰 서점에 가면 별도로 혐한 코너가 있어요. 한국을 비방하고 혐오하는 내용의 책을 따로 모아놓은 거예요. 도대체 세계 어느 나라가 자기 이웃 나라를 혐오하는 책들만을 모아서 버젓이 하나의 코너로 설치해놓을 수 있을까요? 일본인들의 병리 상태를 단적으로 보여주는 예입니다. 극우 포퓰리즘은 바로 이러한 지점을 공략합니다. 그러면서 가해자와 피해자를 뒤바꾸어놓죠.

자본-노동 관계도 그렇습니다. 제 지인 중에 기업 CEO가 있는데 한번은 이런 이야기를 합니다. 노동조합이 파업을 해서 협상을 하는데 자기가 깜짝 놀랐다고 해요. 협상 대표가 외제 차를 타더라는 거예요. 이 친구 마음속에는 자기가 주는 월급으로 그만큼 돈을 많이 번 사람이 파업을 한다는 게 말이 안된다는 생각이 있는 겁니다. 그러면서 마치 자기가 피해자라도 되는 것처럼 말해요. 파업은 우리 헌법이 보장한 노동자의 권리입니다. 어떤 자동차를 타는지와 무관하게 누구든 누릴 수 있어야 해요.

왜 우리는 차별과 혐오에 지배당하는가?

극우 포퓰리즘은 이런 일종의 피해 의식을 파고듭니다. 여성의 인권 신장을 자기들의 권리를 빼앗기는 것으로 오해하거나, 한반도 평화 정착을 위한 노력을 반공주의에 대한 도전으로 받아들이는 심리가 있어요. 이런 사람들은 손쉽게 극우 포퓰리즘에 포획됩니다.

일곱 번째로 말씀드릴 것이 '법질서 정치'입니다. 극우 포퓰리즘은 자신들을 지지하는 '우리'를 합법적 시민으로 포장하고 이에 반대하는 사람들을 국가에 도전하는 범죄자로 몰아붙입니다. 이는 지금 우리나라 현실을 아주 잘 설명합니다. 여러분도 아시다시피 우리나라 최고의 법은 헌법입니다. 그 아래 여러 법률이 있고 그 아래에 시행령이 있어요. 그런데 지금 정부는 상위법이 금한 일을 하위 법령인 시행령으로 허용하는 일을 버젓이 하고 있습니다.

자신들을 비판하는 사람에게 불법 딱지를 붙이고 범죄자로 몰아붙이는 일은 너무도 익숙하지요. 법이라는 이름으로 시민의 권리를 억압합니다. 극우 포퓰리즘은 제도권 정치 안에서 작동합니다. 그런 의미에서 민주적 절차를 거쳐 선출된 권력이라도 감시를 잘해야 해요. 절차적 정당성이 곧 그들이 하는 행위를 합리화하는 것은 아닙니다.

지금 우리나라에서 권력 기관들이 어떻게 취급받고 있는지 살펴볼까요. 민주주의 관점에서 법원, 검찰, 국세청, 감사원 등은 권력을 감시하고 각종 비리와 불공정을 바로잡는 기관입니다. 그런데 오히려 권력의 편에 서서 국민을 감시해요. 해외에서도 그런 사례가 있습니다.

튀르키예의 에르도안 대통령은 검찰을 이용해 정치인은 물론 언론과 시민 사회단체를 탄압하여 국제 사회의 비판을 받아왔습니다. 그런데 이 사람이 이끄는 정당 이름이 놀랍게도 우리말로 치면 '정의와 발전당Justice and development party'이에요. 과거 전두환 대통령이 '민주정의당'을 만든 것과 똑같은 식이죠. 몰상식이 상식을 가장하는 거예요.

튀르키예에서 자행된 이러한 비민주주의적 탄압은 합법으로 포장됩니다. 그러니까 자신들은 정당하며 오히려 피해자가 범법자가 되는 거예요. 야만이고 퇴행이죠. 오늘날 한국 사회뿐만 아니라 세계가 목도하는 불행입니다. 민주적으로 선출된 독재자가 민주주의의 규칙을 심판해야 할 기관을 무력화함으로써 '게임의 규칙'을 바꾸는 거예요. 특히나 한국에서는 이러한 시도들이 경제 위기나 안보 위협을 구실로 이루어집니다. 악이 악의 이름이 아닌 선의 이름으로 행해지는 '도착'이 만연합니다.

여덟 번째는 무임승차론입니다. 우리는 열심히 하는데 저들은 공짜로 숟가락을 올리려고 한다고 믿게 만드는 겁니다. 복지제도를 주된 공격 목표로 삼지요. 우리는 근면하게 열심히 일해서 지금의 지위를 얻었는데, 왜 게으른 사람들을 도와주어야 하느냐는 거예요. 마치 소외 계층이 우리 돈을 뜯어 가는 것처럼 생각하게 만듭니다. 그러면서 사회 복지와 사회 안전망을 축소하는 게 더 공정하다는 사고방식을 퍼뜨리지요.

이들은 기본적으로 돈 있는 사람만이 자유를 누릴 자격이 있다고 생각해요. 소비 차원에서는 그럴 수 있습니다만, 인권적 측면에서는 말이 안 되는 이야기잖아요. 엄밀하게 말하자면 한 사람의 소유와 자유는 별개의 문제입니다. 그래서 지금까지 극우 포퓰리즘의 대표적 전략을 살펴보았는데요. 이 밖에도 몇 가지 전략이 더 있습니다만 여기까지 말씀드리겠습니다. 좀 더 공부하고 싶으신 분은 스탠리의 책을 참고하시면 될 듯해요.

혐오 정치라는 가상현실 벗겨내기

요컨대 극우 포퓰리즘 혹은 파시즘은 우리 앞에 가상현실을 만들어냅니다. 가짜 뉴스와 혐오의 언어로 진실을 가리고, 가해자와 피해자를 바꿔치기하면서 공동체를 위험에 빠뜨려요. 이러한 전략들이 판치는 사회에서는 진실을 바로 보기가 어렵습니다. 우리가 소위 '악'이라고 생각하는 게 실제로는 추악한 모습이 아닐 수도 있어요. 그만큼 대처가 어렵습니다.

예를 들면, 1930년대 나치 치하에 살았던 대부분의 독일인은 우리가 지금 보는 방식으로 파시즘을 보지 않았습니다. 오히려 자기들을 구원해줄 대안으로 보았죠. 그들은 실제로 아리안^Aryan 민족의 순수한 혈통이 위협받고 있다고 생각했어요. 자신들은 선이며 세상의 악은 외국인, 그중에서도 특히 유대인이었습니다. 제1차 세계 대전 후 억울하게 뺏긴 영토를 무력으로라도 되찾아와야 한다고 생각했으며 여기에 독일인이야말로 세계 문명의 주역이라는 망상이 더해지면서 철저하게 자신들은 물론 세계를 전쟁의 구렁텅이로 몰아넣었습니다.

그렇다면 어떻게 이런 일을 막을 수 있을까요? 극우 포퓰리즘이나 파시스트 정치를 넘어설 방법은 무엇일까요? 쉬운 문제는 아닙니다. 세상에는 다양한 사람이 있습니다. 이들을 둘러싼 이해관계도 달라요. 의견 차이는 필연입니다. 위대한 종교도 사람들의 마음을 하나로 묶지 못해요. 해석이 갈리면서 종파가 생기잖아요. 다만 이러한 차이를 절대화하고 혐오의 언어로 규정하는 일은 피해야 합니다. 극우 포퓰리즘이 파고드는 지점이 바로 거기에 있기 때문이에요.

여기서 우리는 제이슨 스탠리의 말을 곱씹어볼 필요가 있습니다. 그는 『우리와 그들의 정치』에서 파시즘 신화에 현혹되기를 거부하고 포용의 태도를 갖추라고 조언합니다. 현혹당하지 않으려면 눈을 부릅뜰 수밖에 없어요. 역사적 퇴행기에는 진실을 제대로 보려는 싸움이 중요합니다.

개인적 차원에서라도 극우 포퓰리즘의 언어를 거부할 수 있어야 해요. 이는 나뿐만이 아니라 공동체를 지키는 일이에요. 한창 코로나19가 퍼질 때 우선 나를 지키는 게 공동체에도 중요한 일이었듯이 말이에요. 개인이 코로나19를 이길 수는 없습니다. 오늘날 우리나라를 포함해서 세계를 휩쓰는 극우 포퓰리즘의 준동도 마찬가지예요. 그러나 내 의지의 타락을 막는 것은 매우 중요한 투쟁이라고 생각합니다. 나의 타락이 사회 전체의 타락에 한 방울을 더하는 것일 수 있잖아요.

그러려면 선의 얼굴을 하고 다가오는 악을 인식할 수 있을 만큼 깨어 있어야 합니다. 한나 아렌트가 일찍이 설파했듯이 '그저 명령에 따랐을 뿐이다.'라는 생각은 파시즘을 추종하는 사람으로 만들고 맙니다. 여기서 벗어나려면 그저 대세에 순응하는 태도가 아닌 타자의 입장에서 생각하는 공감 능력이 중요해요. 극우 포퓰리즘은 우리에게 생각하지 말고 감정에 따라 단순하게 받아들이기를 요구합니다. 우리 한국 사회가 지난 몇 년간 목도한 것도 이와 같아요.

우리를 유혹하는 혐오의 책동에 무릎 꿇지 않으려면 쉽게 지치지 않아야 합니다. 그들은 현실을 바꿀 수 없다고 말해요. 패배주의를 조장합니다. 하지만 역사를 아는 사람은 패배주의에 굴하지 않아요.

개인적으로 저는 한국사를 전공하려다가 서양사로 방향을 잡았는데요. 이때 나름대로 계기가 있었습니다. 어렸을 때 저는 정조 이후로는 한국사가 잘 읽히지 않았어요. 1800년에 정조가 죽고 나서 우리 역사가 내리막길을 걷는 것처럼 느껴졌어요. 파벌 정치가 등장하고 외세가 개입하고 결국 식민지로 가는 패배와 좌절의 역사처럼 여겨졌습니다. 그래서 이런 역사를 읽을 때마다 스트레스를 받았어요.

그러다가 최인훈 선생의 책에서 무척 인상 깊은 구절을 만납니다. 『바다의 편지』2012 중 '완전한 개인이 되는 사회'에서 선생은 우리가 일제의 식민지가 된 것을 한국 역사의 패배로 보지 않아요. 당시 역사의 방향을 바꿀 역사적 잠재력은 충분했으나 일부 지배층의 기회주의적 속성 때문에 식민지가 되었을 뿐이라고 말합니다.

정말 그렇죠. 만약 그때 역사적 역량이 모두 소진되었다면 이후의 줄기찬 독립운동을 어떻게 설명합니까? 수많은 민족 지사들이 머나먼 이국땅에서 북풍한설 속에서 풍찬노숙하면서 싸웠습니다. 이념을 달리하는 사람들이 민족 독립을 위해 좌우합작을 하고 임시 정부를 만들었어요. 우리 독립운동사가 이를 증명하잖아요. 그래서 어려운 싸움일수록 역사를 보고, 역사 속에서 힘을 얻어야 한다고 생각합니다.

지금까지 우리는 극우 포퓰리즘의 특성과 전략에 관해 이야기를 나누었습니다. 오늘 말씀드린 내용을 정리하면서 오늘 강의를 마무리하겠습니다.

'극우 포퓰리즘'은 '포퓰리즘'을 통해 극우 이념을 실행합니다. 권력을 잡기 위해 선동하거나 선심을 쓰거나 대중에 영합하는 인기주의 전술을 쓰는 거예요. 이를 요약하면 다음과 같습니다. 첫째로 극우 포퓰리즘은 혐오의 대상을 찾아 적으로 만듭니다. 그러면서 이분법적인 적대 정치를 추구해요. 둘째는 현실을 단순화합니다. 복잡한 현실을 간단히 만들어서 문제 해결도 단순한 방법을 제시해요. 예컨대 오늘날 경제 위기의 원인이 여럿 있습니다. 그렇지만 엉뚱하게도 전 정권 혹은 소위 종북 세력으로 단순화해서 타깃으로 삼습니다.

세 번째로, 말로는 모든 사람이 주인이 되는 세상을 약속하지만 실제로는 불평등을 구조화합니다. 이때의 불평등은 꼭 경제적 불평등만을 말하지 않아요. 사람과 사람 사이에 위계를 구축해요. 인권은 누구나 누릴 수 있음에도 이를 부정해요. 사람마다 차이가 있습니다. 능력과 재능이 다를 수 있어요. 하지만 그것이 그 사람의 인격 혹은 인권을 규정할 수는 없잖아요. 이분법, 단순화 그리고 불평등의 구조화가 바로 극우 포퓰리즘의 대표적인 특징입니다.

그래서 이들은 다원주의를 거부해요. 여러 사람의 입장 등을 고려하지 않고 내 편 아니면 적으로 규정해요. 이런 단순한 사고 속에서 상대를 혐오하고 배척합니다. 당연히 자신을 포함해서 '우리 편'이 옳고 상대는 틀려요. 이렇듯 극우 포퓰리즘은 배제와 혐오를 정체성으로 합니다.

어떤 분들은 지금을 역사적 퇴행기로 봅니다. 그럴지도 모르죠. 역사가 항상 좋은 쪽으로만 진행되는 건 아니니까요. 문제는 이러한 상황이 항상 누군가의 희생을 요구한다는 거예요. 사람들, 특히 소수자나 힘없는 사람들이 주로 피해를 입습니다. 누군가는 겪지 않아도 될 아픔이나 괴로움을 짊어지게 되지요.

하지만 일시적 퇴행이 크게 보았을 때 한 걸음 더 나아가기 위한 과정일 수 있어요. 역사라는 것이 어떤 불변의 법칙이 있어서 항상 좋다고 생각하는 방향으로 가지는 않아요. 저는 역사를 공부하면 할수록 결국 미래는 우리의 생각과 의지에 달려 있는 게 아닐까 하고 생각하게 됩니다.

그러니까 우리의 힘이 지금은 잠재된 형태로 드러나지 않고 이면에 감추어져 있지만, 조건이 갖춰지면 분출할 것이라고 봐요. 과거 우리의 역사가 이를 증명합니다. 동학 농민 전쟁이 그랬고 3·1 독립운동, 4·19 혁명, 5·18 민주화 운동, 6·10 항쟁, 가깝게는 촛불 시위가 그랬습니다. 억누르는 힘이 클수록 분출하는 힘도 커지게 마련입니다.

그 출발점은 바로 나 자신에게 있어요. 앞서 말씀드렸듯이 자기 의지를 지켜야 합니다. 인간적 연민과 연대의 힘을 믿고, 혐오와 분열의 정치에 맞서는 거예요. 현실의 문제적 상황을 이겨내는 일은 쉽지 않지요. 살아가는 일 자체가 그렇듯이, 어떤 일이든 그게 일다운 일이라면 쉬울 리는 없을 겁니다. 그렇지만 21세기 우리 사회에는 이전과 비교해 자각한 개인들이 더 많아졌습니다. 자각한 개인들의 힘이 차곡차곡 쌓이고 모여 비루한 오늘의 현실을 극복하고, 우리 역사를 한 걸음 더 나아가게 할 거라는 믿음을 전하고 싶습니다.

3

나는 BTS의 나라에서 살고 싶다

김희교

● 김희교

연세대학교 사학과를 졸업하고 중국 푸단대학에서 중미 관계사로 박사학위를 받았다. 지금은 광운대학교에서 교수로 재직하고 있으며, 인권연대 운영위원, 인권평화연구원 연구위원으로 활동하고 있다. 중미 관계가 동아시아에 미치는 영향과 아시아 민중의 성장이 국제관계에 미치는 연구를 주로 해왔다. 지금은 동아시아 평화 체제 구축에 관심이 많다.
쓴 책으로 중국 혐오의 기원을 분석한 『짱깨주의의 탄생』과 『안녕? 중국!』을 포함해 여러 권이 있다.

3 나는 BTS의 나라에서 살고 싶다

BTS 이야기로 시작해볼까 합니다. 저는 가요에 관심이 많습니다. 대학 때부터 팝송은 알아들을 수가 없어서 싫어했어요. 그만큼 더 가요를 좋아했답니다. 지금도 김윤아와 백현진이 부른 〈사랑밖에 난 몰라〉를 즐겨 듣습니다. 백현진은 어어부밴드 시절부터 좋아했습니다. 최백호의 〈낭만에 대하여〉는 노래방 애창곡입니다.

그런데 어느 시기부터 가요도 노래 가사가 잘 안 들리더군요. 아마 HOT의 노래가 시작이었던 것 같습니다. 대학생들이 HOT를 따라 다니는 걸 보면서 생긴 정서적 반감 때문에 더욱 그랬던 듯합니다. 그때까지만 해도 연예인은 삶의 중심 문제를 대변하지 못한다고 생각했습니다. 방탄소년단[BTS]이라는 그룹도 처음에는 그랬습니다. 너무 빠른 리듬과 들리지 않는 가사가 정서적으로 와 닿지 않아서 별로 관심이 없었어요. 방탄소년단이라는 이름도 그다지 마음에 들지 않았습니다. 너무 전투적이라는 느낌이었어요.

혐오를 조장하는 세계

저는 전공이 전공이니만큼 세계 곳곳을 다닙니다. 가수 싸이가 한창 인기 있을 때 미국에 1년 정도 거주하고 있었습니다. 그때 미국인들이 왜 싸이를 좋아하는지는 쉽게 이해가 되었습니다. 저를 만나는 많은 사람이 한국인인 줄 알면 말 춤을 추더군요. 누구든 좋아하기에 충분한 춤이었습니다. 몸치인 저도 자주 따라 해보았을 정도니까요.

그런데 미국에서 싸이의 인기가 식어갈 때쯤 BTS가 떠오르더군요. 한국의 방탄소년단이 세계의 BTS가 되어 상상을 초월할 만큼 세계적인 팬덤을 형성하는 것이었습니다. 유럽인과 미국인, 동남아와 중국, 심지어 아프리카에서도 열광하더

왜 우리는 차별과 혐오에 지배당하는가?

라고요. 근데 싸이와 달리 그 이유가 잘 납득되지 않았습니다. 그래서 주변 문화 연구자들에게 이유를 물어보았습니다. 왜 BTS가 뜨느냐고요. 어떤 분은 BTS 노래들이 청소년 세대들의 고민을 담고 있어서 그렇지 않겠느냐고 했어요. 또 어떤 분은 그 안에 담긴 저항성 때문에 그렇다고 했습니다.

그래서 저도 BTS 노래 가사를 살펴보기 시작했습니다. 그러고는 드디어 BTS가 전 세계적인 그룹이 된 이유를 찾아냈습니다. 두 가지였습니다. 하나는 BTS가 사람과 사람이 혐오하지 않는 세상을 예찬했다는 점이었습니다. 대개 아이돌 그룹이 남녀 간 사랑 노래로 팬덤을 형성합니다. BTS가 그런 노래를 안 한 건 아닙니다. 그러나 BTS는 인종, 국경, 계급을 초월하는 사랑을 노래했습니다. 그런 그룹은 많지 않아요.

다른 하나는 BTS는 사람과 사람이 싸우지 않는 세계를 갈구했어요. 많은 가수들이 평화를 이야기하긴 했습니다만 그것이 그들 노래의 핵심 주제는 아니었어요. 그러나 BTS는 진심이었습니다. 사실 이런 노래는 별로 재미가 없어요. 그래서 이런 노래로 인기를 얻는 건 무척 어렵습니다. 아마도 이런 노래를 하고도 인기를 얻은 그룹은 비틀스가 거의 유일하지 않을까 싶어요.

비틀스가 왜 지금까지 많은 사람이 좋아하는 세계적인 그룹이 되었을까요? 여러 가지 이유가 있지만 비틀스의 노래에는 시대정신이 있었기 때문입니다. 시대정신이란 그 시대를 사는 사람들이 염원하는 공통의 소망을 말합니다. 제가 BTS의 노래를 들으면 들을수록 확신하는 것은 BTS의 노래에는 시대정신이 있다는 사실입니다. 베트남 전쟁이 벌어지고 있었던 비틀스의 시대만큼이나 지금도 혼란과 충돌의 시대입니다. BTS는 그 혼란 속에 사는 세계인들의 공통적인 염원인 평화와 사랑을 노래하고 있습니다. 그런 시대정신에 한국이라는 문화 산업 강국의 디테일이 더해져 오늘의 BTS가 나온 것입니다.

세계는 초연결 시대입니다. 국경이 열려서 어디든 갈 수 있는 시대가 되었습니다. 제가 처음으로 비행기를 탔던 것도, 해외를 가본 것도 20대 후반이었습니다. 그때 서울 거리에서 외국인을 보는 것은 드문 일이었습니다. 그러나 지금은 다릅니다. 비행기 타봤느냐는 질문은 이미 사라졌습니다. 동남아인들이 한국에 와서 노동을 하고, 중국인들이 제주도에 와서 쇼핑을 하는 일들이 일상적으로 일어나고 있습니다. 굳이 어디를 가지 않더라도 지구 반대편의 일들을 마음만 먹으면 언제든지 아주 사소한 일까지 인터넷에서 찾아볼 수 있는 시대가 되었습니다.

그러나 문제가 있습니다. 한국은 이미 초연결 시대의 중심에 와 있는데, 일부 한국인들의 인식은 그것에 비해 덜 준비되어 있다는 점입니다. 동남아인들이 한국에 와서 노동을 할 때 그들을 어떻게 받아들이고 대해야 하는지에 대한 준비는 아직 덜 되었습니다. 중국인들이 제주도 관광을 올 때 그들이 늘 우리가 바라는 대로 행동하는 것은 아닙니다. 우리가 처음 유럽 여행을 갔을 때와 마찬가지로 우리와 다르게 행동합니다. 그럴 때 가장 자주 등장하는 것이 혐오입니다. 여성의 역할과 권리가 신장되었는데, 그것을 받아들일 준비가 되어 있지 못해 혐오가 등장했습니다. 전 지구인들이 어디든 쉽게 갈 수 있는 세계가 왔는데 그것을 받아들일 준비가 되어 있지 못하면 혐오가 등장합니다.

혐오는 지금 전 지구적 문제로 떠올랐습니다. 아프리카인들은 유럽에 가서 이주민이 되곤 합니다. 그러나 유럽의 일부 사람들은 그들을 범죄 집단화합니다. 심지어 극우 정당들은 그들을 배척하는 것을 법제화하고자 노력하고 있습니다. 많은 멕시코인은 미국에 가서 저임금 노동자로 일합니다. 미국은 그들을 받아들이지 않고는 제조업이나 농업을 운영할 수가 없습니다. 그러나 일부 미국인들은 그들이 미국을 더럽히고 있다고 주장하며 돌아가라고 외칩니다. 한국에서 일하고 있는 동남아인들이나 중국동포들 또한 비슷한 처지에 놓여 있습니다.

BTS가 뛰어난 점은 세계적으로 창궐하고 있는 혐오의 목소리에 귀 기울였다는 점입니다. 많은 사람의 아픔에 대해 공감한 것이 전 세계적인 밴드가 되는 중요한 요인이었습니다. BTS는 혐오로 상처받는 사람들의 친구가 되고자 했습니다. 한국의 작은 마을 출신인 BTS의 김남준은 스스로 다른 많은 사람처럼 흠이 있는 사람이라 생각합니다. 당연한 이야기입니다. 그러나 김남준이 다른 혐오하는 사람들과 다른 점은 그 다음 생각입니다. 혐오하는 자들이 그 차이를 이용해 자신의 불안이나 공포를 줄이기 위해 비난하거나 배척합니다. 그러나 김남준은 그 차이가 그 사람이 존중받아야 할 이유라고 생각합니다. 왜냐하면 그가 아무리 흠집이 있어도 세상에 하나밖에 없기에 소중하다고 생각하기 때문입니다. 피부색으로도, 국적으로도, 성별로도 그를 규정할 수는 없습니다. 그는 단 하나의 소우주입니다.

BTS는 "여러분이 누구든, 어느 나라 출신이든, 성 정체성이 어떻든, 여러분 자신에 대해 이야기해달라"고 합니다. 여러분 자신의 목소리를 찾으라고 외칩니다. 야망을 가진 자든, 방황하는 자든 모두 소중한 불빛을 간직하고 있는 단 하나의 존재이기에 사라져서는 안 된다는 것입니다. BTS의 말대로 "한 사람에 하나의 역사가 있고, 한 사람에 하나의 별"이 있습니다. 세계는 80억 개의 별로 빛나는 80억 개의 소우주로 구성된 대우주입니다.

혐오에 빠져들고 있는 우리

손흥민. 우리의 자랑스러운 축구 선수죠. 아마도 대한민국에서 싫어하는 사람은 거의 없을 거라고 생각합니다. 손흥민은 초연결망 시대 한국의 자랑스러운 문화 브랜드입니다. 우리는 손흥민을 통해 우리도 세계 최고가 될 수 있음을 확인하고 즐거워합니다. 손흥민이 전 세계인으로부터 사랑받는 것을 보고 우리도 사랑받을 수 있는 민족이라는 사실에 감격해합니다. 우리도 세계 최고가 될 수 있다는 사실을 깨닫곤 합니다.

그런 손흥민도 황인종이라는 이유만으로 유럽에서 수시로 혐오와 차별을 당합니다. 손흥민이 아무리 축구를 잘해도 그들과 다른 피부색 차이 때문에 인종 차별을 당하는 일이 종종 일어납니다. 이럴 때 해외 축구 팬이나 네티즌들은 대부분 인종 차별적 행위라고 주장하며 격렬하게 반대합니다. 축구협회에서도 강력하게 대응하고 징계합니다. 인종 차별 문제를 그냥 두면 얼마나 심각한 일이 벌어지는지 경험한 국가들이 인종 차별에 그만큼 예민한 거예요.

그러나 문제는 우리입니다. 우리나라도 손흥민이 당하는 인종 차별에 대해서는 매우 격렬하게 반응합니다. 네티즌들의 반발도 어느 국가에 뒤지지 않습니다. 이 점만 보면 우리는 강력한 인종 차별 반대 국가처럼 보입니다. 그러나 이것은 사실이 아닙니다. 손흥민이 인종 차별을 당했을 때는 함께 공분하던 사람들도 다른 국가나 인종에 대한 우리의 혐오와 차별에 대해서는 놀라울 만큼 무감각하기 때문입니다.

제가 여러분께 자료 하나를 보여드릴게요. 2022년 미국 퓨리서치센터가 조사한 미국·중국에 대한 각 나라 시민들의 호감도입니다. 우리나라가 세계에서 가장 편차가 심한 나라였어요. 미국에 관한 호감도가 89퍼센트, 중국에 관한 호감도가 19퍼센트입니다. 심지어 미국 본국보다 미국에 대한 호감도가 높아요. 이 조사를 아주 많은 언론이 대대적으로 보도했습니다. 제가 쓴 다른 책 『짱깨주의의 탄생』에서 분석한 대로 이 조사는 미국이 중국을 공격하기 위해 동원한 여론조사입니다. 우리 언론이 무비판적으로 미국의 정치적 목적에 봉사한 기사들이었습니다.

제가 말씀드리고 싶은 것은 우리의 인종주의적 감수성 문제입니다. 인종주의적 감수성을 가지고 이런 보도를 보면 먼저 '퓨 리서치센터'라는 미국의 여론조사 기관을 비판해야 합니다. 이 기관은 어느 국가가 더 좋으냐, 어느 민족이 더 좋으냐를 조사해서 1등부터 줄을 세웁니다. 그러면서 자국에 유리한 자료들만 끊임없이 배포해요. 그 자체로 인종주의를 부추기는 겁니다.

만약 여러분에게 "엄마가 좋아, 아빠가 좋아?" 이렇게 매번 물어보면 어떨 것 같나요? 대개는, 아빠는 이런 점이 더 좋고 엄마는 이런 점이 더 좋다고 생각합니다. 그런데 이걸 딱 둘로 나눠서 선택하게 하는 거예요. 일종의 갈라치기지요. 만약에 질문을 좀 더 구체화해서 "너는 엄마, 아빠의 어디가 좋아, 뭐가 싫어?" 이렇게 물어보면 대답이 달라지잖아요. 그러니까 질문 자체에 의도가 있는 겁니다. 그렇기 때문에 "왜 그런 거 물어? 우리 집안싸움 붙일 일 있어?" 이렇게 대답해야 합니다. 혐오는 질문 자체에 숨어 있습니다. 그럼으로써 은근하게 우리를 그들이 원하는 방향대로 생각하게 부추겨요.

우리는 어떤 국가보다도 문화적 감수성이 발달되어 있습니다. 짧은 기간에 상당한 수준까지 발전했습니다. 성차별이나 장애인 차별에는 상당한 수준의 세심한 감수성을 발휘합니다. 그러나 신기하리만큼 인종주의 문제에 대해서는 저항도 적고, 법적인 제재도 거의 없습니다. 중국동포에 대한 차별이 그 대표적인 예입니다. 언제부터인가 중국동포는 거리낌 없는 혐오의 대상입니다. 지금 인터넷을 보면 중국동포가 거의 우리나라를 잡아먹는 괴물처럼 나쁜 사람들이에요. "네 나라로 돌아가라"라는 댓글은 악플에 끼지도 못할 정도입니다.

인터넷에서 인종 차별 발언들을 일삼는 그런 사람은 어떤 사회든 늘 있습니다. 우리 사회가 위험해 보이는 것은 그런 인종 차별적 사고를 부추기는 언론이나 집단이 있는 반면 그런 발언을 잘못이라고 말하는 사람이 거의 없다는 점입니다. 이대로 가면 우리는 가장 심한 인종 차별 국가가 될 가능성이 높습니다. 왜냐하면 우리의 이런 태도가 그냥 나온 것은 아니기 때문입니다.

혹시, 만보산 사건이라는 것을 들어본 적이 있나요? 1931년 중국 만주 지역에서 일어난 유혈 사태인데요. 당시 조선 이주민과 중국 농민 사이에 수로水路 문제를 두고 충돌이 일어납니다. 그런데 일본 경찰이 한국인 다수가 살해됐다는 허위 정보를 흘립니다. 이때 〈조선일보〉가 사실 확인 없이 호외를 뿌려요. 이를 보고 한국 사람들이 몽둥이를 들고 가서는 한국에 살고 있는 중국인들을 살해합니다. 일본에서도 한국인이 중국인을 공격하는 일이 벌어졌습니다. 이때 희생당한 중국인이 200명을 넘습니다. 중국과 한국의 공동 투쟁을 막으려는 일본의 이간 공작이었음이 나중에 밝혀졌지만 이미 돌이킬 수 없는 참상이 벌어져버린 후였습니다.

정작 문제는 그다음입니다. 우리나라 역사책에서는 이런 사건을 가르치지 않아요. 우리가 저지른 끔찍한 인종 학살을 잘 알지 못합니다. 우리는 이런 과거를 확실하게 청산했어야 했습니다. 그랬다면 아마도 짧은 기간에 이렇게 과도하게 중국동포 혐오가 퍼지지는 않았을 것입니다.

독일은 과거 청산에 매우 적극적이었습니다. 자기들이 한 일을 잊지 않으려고 노력해요. 지금도 유대인 학살 지역마다 이곳에서 인종 학살이 일어났다고 다 표시해놓습니다. 기록하고 전시해서 후세들이 같은 실수를 반복하지 않게 하려는 거예요. 그러나 우리는 아무 일도 없었던 것처럼 지워버렸습니다. 뿌리가 그대로 남아 있기에 언제든지 다시 싹이 올라올 수 있는 상태인 겁니다.

인종주의는 쉽게 부활합니다. 우리는 오랫동안 '단일 민족'이라는 신화에 길들여 왔습니다. 그래서 인종주의가 없는 걸로 착각해요. 그러나 현실은 그렇지 않습니다. 지금 시골 농촌에 가면 농사짓는 사람 중 상당수가 이주민입니다. 공장에서 일하는 사람들도 외국인이 많아요. 그러나 우리는 그들을 혐오하고 차별합니다. 우리는 이미 실질적으로 다민족 국가입니다. 그런데도 여기에 걸맞은 문화적 감수성이랄까, 법적 체계, 도덕의식 같은 것들이 아직 준비되어 있지 않아요. 오히려 그들을 배척하자는 주장이나 법안들이 수시로 거론되고 있어요.

우리가 인종 차별이라고 하면 흑인 비하만 생각하는데, 그렇지 않습니다. 인종을 차별하는 생각을 인종주의라고 합니다. 인종주의는 아주 생명력이 강하고 계속 진화해왔습니다. 피부색을 두고 차별하다가 이제는 특정한 종교나 민족, 국가를 혐오하는 데까지 나아갔어요. 이슬람에 대한 혐오나 중국동포나 중국, 동남아 국가에 대한 혐오 같은 것이 대표적이지요.

인종주의는 혐오와 차별을 특징으로 하고 있습니다. 혐오는 대상의 특징을 단순화하여 악마화합니다. 그러나 중국동포는 단 하나로 묶어서 말하기 매우 어려운, 소우주들의 모임인 대우주입니다. 모든 사람은 기본적으로 차이가 있습니다. 모습, 성격, 선호하는 것 등에 개성이 있어요. 중국동포도 마찬가지입니다. 그런데 차별하는 자들은 이 중 하나를 딱 집어서 단순화합니다. 범죄가 일어나면 중국동포라는 딱지를 붙이고 모든 중국동포가 그런 것처럼 몰아갑니다. 혐오하기 위해서 단 하나의 색으로 칠하는 것이지요. 그러나 한 번도 한국에 사는 중국동포 범죄율이 내국인들의 범죄율보다 높았던 적이 없습니다.

혐오와 차별은 그것 자체가 문제여서 하면 안 되는 것이기도 하지만, 현실적으로 판단해도 좋은 해결책도 아닙니다. 중국동포 문제는 보기 싫다고 그들더러 떠나라고 한다고 해서 해결될 만큼 간단하지 않습니다. 한국은 전 세계에서도 손꼽히는 저출산 국가입니다. 인구가 급격히 감소하고 있어요. 노동력 부족이 현실화되고 있습니다. 게다가 힘든 일을 하려는 사람이 없어요. 지금 농촌의 임금 노동자 중 약 40%가 외국인인 이유가 다 있는 겁니다. 지금 식당에서 일하시는 분들, 보육이나 돌봄 직종 일하는 분 중 상당수가 중국동포예요. 한국말을 할 수 있는 사람 중에 그 정도 강도의 노동을 그 임금으로 할 사람들이 없습니다. 이분들이 없으면 그 일을 다 누가 합니까?

그분들을 불러들여 일을 시켜놓고 계속 혐오하고 차별하면 어떤 일이 벌어질까요? 미국 사회와 같은 일이 일어납니다. 혐오와 차별이 구조화되어 임금이 차별화되고, 사는 공간이 분리되면 혐오를 혐오로 대응하는 일이 벌어집니다. 대부분의 미국 대도시는 지금 밤에 나다닐 수가 없습니다. 그런 위험한 사회가 되어버렸어요. 우리나라 홍대 앞은 24시간 안심하고 다닐 수 있습니다. 그런 문화에서 BTS가 나온 것입니다. 홍대 거리가 뉴욕 할렘가처럼 변하면 BTS의 나라를 찾아와 홍대 거리를 24시간 즐기는, 한국을 사랑하는 사람들은 사라질 것입니다.

전쟁하고 있는 세계

얼마 전 트럼프 전 미국 대통령이 총에 맞았어요. 20살 청년이 AR-15 소총으로 쐈습니다. 아직 저격을 한 정확한 이유는 밝혀지지 않아 왜 그런 끔찍한 일을 저질렀는지는 알 수 없지만 분명한 것은 20살 청년이 M16을 들고 거리를 활보할 수 있는 사회라면 민주주의는 불가능하다는 사실이에요. 미국은 대중들이 뽑아놓은 지도자를 한순간에 파멸시킬 수 있는 위험한 사회임이 다시 한번 증명된 것입니다. 150미터 거리에서 정조준을 해 사람을 쏠 수 있는 무기가 전국에 널려 있는 사회가 좋은 민주주의 국가가 될 리가 없지요.

그런 점에서 미국 사회 위기의 한복판에는 미국식 민주주의의 한계가 똬리를 틀고 있습니다. 총기 사고가 갈수록 심각

왜 우리는 차별과 혐오에 지배당하는가?

해지고 있는데도 미국의 대의민주주의는 무력해 보입니다. 로비를 통해 의회를 장악하고 있는 총기상들에게 민주주의가 짓밟히고 있는데도 미국은 여전히 근본적 대책을 마련하지 못하고 있어요. 오바마 대통령이 과거 코네티컷주 초등학교에서 일어난 총기 사고에 대해 눈물을 흘리며 총기 규제를 약속했지만, 이마저도 여전히 지키지 못하고 있거든요.

총기상들이 원흉인데도 그들을 잡을 수 없을 때 등장하는 것이 대중을 오도할 수 있는 먹잇감을 던져주는 일입니다. 총기 사고가 났을 때 미국의 정치 엘리트들이 대중들에게 던져주는 먹잇감은 늘 인종주의였습니다. 그들은 총기 사고가 유색 인종이나 이민자 때문이라고 말합니다. 물론 그런 말들은 새빨간 거짓말입니다. 통계에 의하면 미국의 범죄율은 이민자보다 토착민의 비율이 더 높습니다. 경제학자 란 아브라미츠키Ran Abramitzky의 연구에 의하면 이민자들이 미국에서 태어난 사람에 비해 수감될 확률은 60%에 불과합니다. 그러나 이미 인종주의적인 사고를 하고 있는 대중들에게 이 논리는 잘 먹힙니다.

공교롭게도 미국 사회의 인종주의를 가장 많이 이용한 정치인이 트럼프였습니다. 그의 정치 논리 한복판에는 늘 인종주의가 자리 잡고 있습니다. 이번 연설에서 총알이 날아오기 직전에도 그는 이민자들을 힐난하고 있었습니다. 그가 대통령이 된 가장 강력한 원동력도 인종주의였습니다. 그의 인종주의 발언과 정책들이 스윙 보터swing voter, 투표 유동층 지역의 백인 노동자들을 움직였고, 결국 당선되었습니다. 당선되고도 그는 줄곧 인종주의적 정책을 펼쳤습니다. 오클라호마 대학의 국승민 교수의 분석에 따르면 코로나19 시기 트럼프가 인종 차별적 트윗을 한 번 올릴 때마다 미국 전역에서 인종 차별적 트윗이 20% 이상 증가했고, 아시아인에 대한 범죄는 8%가 올라갔어요.

트럼프 저격 사건이 벌어지기 직전 워싱턴에서는 나토NATO 정상회의가 열렸어요. 나토 초대 사무총장 라이오넬 이스메이Hastings Lionel Ismay가 밝힌 것처럼 나토는 "소련을 밀어내고, 미국을 끌어들이고, 독일을 눌러 앉히기 위해" 고안된 조직입니다. 구소련이 붕괴될 때 이미 이 조직의 목적은 달성되었어요. 따라서 1991년 바르샤바 조약이 붕괴될 때 해체되었어야 했습니다. 그러나 나토는 고르바초프에게 "동쪽으로는 1인치도 확장하지 않을 것"이라고 약속하고 살아남았어요.

우크라이나 전쟁이 러시아의 침략 전쟁인 것은 사실입니다. 그러나 전쟁 책임의 절반은 나토가 져야 한다는 의견이 있어요. 일례로 프랑스 사회학자 에마뉘엘 토드Emmanuel Todd는 우크라이나 전쟁의 책임은 나토와 미국에 있다고 말하고 있어요. 나토는 우크라이나를 나토에 끌어들이고자 했습니다. 동유럽 국가들을 끌어들인 것을 넘어서서 북유럽과 우크라이나까지 확장을 시도한 것입니다. 끌어들였으면 안보라도 책임져주었어야 했어요. 그러나 우크라이나는 결국 처참하게 도륙당했습니다. 나토는 러시아가 우크라이나를 침략하지 않을 것이라는 막연한 기대를 바탕으로 우크라이나 국민의 생명을 걸고 도박을 벌였지만 실패한 것입니다. 이미 30만 명 이상이 죽었습니다.

우크라이나 젤렌스키 대통령도 알아야 할 것이 있어요. 전쟁의 책임은 누구보다도 그에게 있습니다. 그는 나토를 믿고 러시아에 지속적인 도발을 일삼았어요. 국민들의 생존권을 담보로 도박을 한 것입니다. 전쟁은 그렇게 일어나요. 전쟁은 도덕적 우위 따위는 전혀 관심을 가지지 않습니다. 그저 시작되면 전쟁의 논리로 진행될 뿐입니다. 전쟁이 일어나면 누구도 그들 국민의 생명을 보호해주지 않습니다. '전쟁 기계'들에게는 우크라이나 국민들의 생명이나 생존권 따위는 관심 밖의 일이에요. 미국의 국제 문제 전문지인 〈포린 폴리시Foreign Policy〉의 에이미 매키넌 기자는 2024년 7월에 열린 나토 정상회의를 보고 이렇게 요약했어요. "나토는 우크라이나의 싸움을 돕고 있지만, 승리는 돕지 않는다.”

아마도 우크라이나는 이렇게 나토와 러시아 사이에서 말라 죽어갈 것입니다. 나토는 절대로 러시아의 핵 공격을 받을 각오를 하고 우크라이나를 돕지 않습니다. 그렇다고 죽어가는 우크라이나 국민들을 가엽게 여겨 그들의 정치적 타격을 감수해가면서까지 평화 협정을 맺을 생각도 없어요. 그저 우크라이나를 통해 그들의 공포와 혐오의 대상인 러시아를 괴롭히는, 끝나지 않는 전쟁을 계속할 모양새입니다.

전쟁은 전쟁의 논리로 일어납니다. 미국의 대표적인 외교관이자 현실 정치가로 꼽히는 헨리 키신저는 제1차 세계 대전을 “종말론적 메커니즘doomsday machine”의 결과였다고 평가하고 있어요. 그가 말하는 종말론적 메커니즘이란 동맹과 군사 훈련 네트워크를 말합니다. 상대방에 대한 불신으로 과도하게 동맹과 군사 훈련에 집착한 결과 결국 전쟁에 도달했다는 것입니다.

반면 그는 제2차 세계 대전을 인종 차별주의자들의 메시아적 팽창주의의 결과물로 보고 있어요. 제1차 세계 대전이 군사주의적 메커니즘의 결과물이라면 제2차 세계 대전은 과도한 이념의 결과물로 본 것입니다. 전쟁의 당사자들은 서로 상대방이 구제 불가능할 만큼 사악하다고 믿고 무슨 수를 써서라도 그들을 물리쳐야 한다는 신념을 가지고 있었던 것이에요. 그러나 결과적으로 보면 정작 위험한 것은 새로운 세력의 등장이 아니라 그런 강고한 믿음 체계 그 자체가 문제였던 것입니다.

지금 불행하게도 '차가운 평화의 시대'는 가고 '충돌의 무질서 시대'가 왔습니다. 전 지구적으로 제2차 세계 대전을 일으킨 종말론적 메커니즘과 메시아적 팽창주의가 부활하고 있어요. 그들을 옹호하는 세력은 여전히 주류는 아니지만 언제 제3차 세계 대전이 일어나도 이상하지 않을 만큼 곳곳에서 득세하고 있어요. 홍콩 신문인 〈사우스차이나 모닝포스트South China Morning Post〉의 칼럼니스트 알렉스 로Alex Lo는 이번 나토 회의를 "전쟁을 세계화하는 미국을 돕는 미개인들 모임"이라 칭했습니다. 미국이 지금 벌어지고 있는 두 개의 전쟁을 끝내기는커녕 중국과의 무역 전쟁을 실제 전쟁으로 만들기 위해 한국을 불러들인 것을 두고 한 말이에요.

지금 전 세계에는 세 개의 전쟁이 벌어지고 있습니다. 하나는 우크라이나-러시아 전쟁이에요. 성격상 이 전쟁은 미국을 포함한 서구 유럽과 러시아의 전쟁이기도 합니다. 과거 냉전 시대부터 이어진 전쟁의 연속선상에 있습니다. 미국과 나토는 끊임없이 한국을 이 전쟁에 끌어들이려고 하고 있어요. 그

다음이 이스라엘과 하마스의 전쟁이지요. 전 세계 주요 산유국들이 몰려 있는 중동을 둘러싼 패권이 걸린 전쟁입니다. 이 전쟁으로 우리는 유럽과의 수출입에 엄청난 타격을 입고 있는 중입니다. 세 번째로 미국과 중국의 무역 전쟁이 있습니다. 실제로 죽고 죽이지는 않지만, 세계의 미래를, 방향을 결정지을 중대한 전쟁이에요. 미국과 동맹을 맺고 있고, 중국으로부터 경제적 이익을 추구해왔던 한국에게는 실제 전쟁 이상으로 중요한 싸움입니다.

전쟁에 빠져들고 있는 우리

미국 국내 문제를 우리가 걱정한들 할 수 있는 일이 별로 없습니다. 잘 해결되길 기도할 뿐이지요. 문제는 우리입니다. 미국의 인종주의적 사고는 미국 국내만의 문제로 국한되지 않습니다. 미국의 인종주의는 군사주의와 결부되어 대외 정책에도 그대로 반영되어 나타납니다. 인종주의자 트럼프가 가장 강력한 총기 사용 옹호자라는 사실도 우연은 아니에요. 인종주의와 군사주의는 늘 쌍생아처럼 붙어 다닙니다. 바이든이라고 별반 다르지 않았어요. 대외 정책에 관한 한 오히려 트럼프보다도 더 군사주의적이었습니다. 바이든의 인도 태평양 전략은 누가 뭐라고 해도 군사주의적 전략입니다. 중국과 발생하는 경제적인 문제를 해결하고 그들의 정치적 패권을 유지하기 위해 안보 핑계를 대며 동맹을 동원하고 있는 것이지요.

끔찍한 것은 이 '미개인들' 모임에 참가한 윤석열 정부가 세계 대전을 일으킨 두 가지 위험한 요인을 모두 지니고 있다는 사실입니다. 그는 분명히 키신저가 지난 두 차례 세계 대전의 원인으로 이야기했던 종말론적 메커니즘과 메시아적 팽창주의에 빠져 있습니다. 윤 대통령은 나토 회원국도 아니면서 올해도 나토 정상회의에 참석했어요. 그가 집권한 후 가장 처음 참가한 국제회의가 나토 회의였어요. 한국 대통령 중 처음으로 참석한 것이기도 했습니다. 나토에 참가한 그의 핵심 논리는 놀랍게도 제2차 세계 대전을 일으킨 메시아적 팽창주의와 매우 닮아 있습니다. 같은 민족임에도 불구하고 북한을 어떤 대화도 불가능한 절대 악이라고 본다는 점에서 메시아적이에요. 침략국 일본이나 나토와 연결 고리를 가치 연대라는 추상적 이데올로기에서 찾는다는 점에서도 메시아적이기는 마찬가지입니다. 그러나 그가 메시아는 아니에요. 미국과 일본을 메시아적으로 숭배한다는 점에서 메시아적 광신도라고 보는 것이 정확합니다.

또한 그는 한미 동맹에 만족하지 않고 한일 동맹, 나토 확장까지 추구하고 있다는 점에서 팽창주의적입니다. 북러 동맹에 대한 대응이라고 하더라도 본질은 변하지 않아요. 사드를 아무리 방어용 무기라고 우겨도 상대편에게는 공격용으로 보이는 것과 마찬가지 이유입니다. 러시아도 몇 번씩이나 북러 동맹을 방어용이라고 주장했어요. 북러 조약에 대한 대응으로는 이미 한미 동맹만으로도 충분합니다. 사실상 한일 동맹도, 나토 지원도 별로 필요가 없어요. 세계 7위 수준의 우리의 군사력이 북한을 상대하기 위해 필요한 것은 이제 핵뿐입니다. 핵은 일본도 주지 않고, 나토도 주지 못합니다.

나토를 끌어들인다고 해서 나토가 우리를 위해 해줄 수 있는 일은 거의 없습니다. 나토와 인도 태평양 전략을 연결하는 것은 철저하게 바이든의 대중국 전략입니다. 나토의 옌스 스톨텐베르그Jens Stoltenberg 사무총장은 우크라이나 전쟁에 미국의 힘이 필요해서 미국이 원하는 것을 들어주는 것입니다. 러시아로부터도 자신들을 방어하지 못해 허우적거리는 나토가, 러시아와는 비교할 수 없는 만큼 유럽에 대한 경제적 억지력을 가지고 있는 중국을 상대로 한 동아시아 전장에서 무얼 할 수 있을까요? 결국 우리가 나토를 위해 해야 할 일만 남습니다. 전비를 대고, 군사비를 올리는 일이지요. 국가를 전쟁형으로 만드는 것도 덤입니다. 이번 정상회의 후에도 윤석열 대통령은 우크라이나에 330억에 달하는 새로운 지원을 약속했어요. 가장 위험한 것은 나토를 여기까지 끌고 오면 전쟁의 위험은 더 커진다는 사실입니다.

윤석열 정부는 시작부터 바이든의 인도 태평양 전략의 전위 부대 노릇을 자처했어요. 한미일 군사 동맹을 부르짖으며 동맹 강화와 과도한 군사 훈련에 집착하고 있습니다. 이미 충분히 종말론적 메커니즘에 빠져든 것입니다. 한국 전쟁은 북한의 남침으로 일어났습니다. 그러나 우리가 잘 모르는 것이 있어요. 북한이 어느 날 느닷없이 남한을 침략한 것이 아닙니다. 북한이 침략하기 이전 남북한 간에는 이미 200여 차례가 넘는 충돌이 있었어요. 결국 한반도 전쟁 또한 종말론적 메커니즘이 작동한 결과물이기도 한 것이에요.

윤석열 정부가 종말론적 메커니즘을 만들고 있다는 사실은 남북 간 존재하던 충돌 제어 장치를 모두 없앴다는 사실 하나만 보아도 알 수 있어요. 오물 풍선으로 시작된 남북한의 충돌이 종말론적 메커니즘의 전초전입니다. 여기서 멈추지 않으면 전쟁은 전쟁의 논리로 진행됩니다. 한반도는 전 지구적 전쟁 기계들이 잔치를 벌이기 딱 좋은 곳으로 이미 변해 있어요. 윤석열 정부는 그들의 좋은 트로이 목마입니다. 한국의 민주주의 토대를 완전히 무시하고 자신이 하고 싶은 일은 무엇이든 하는 윤석열 정부는 또 다른 종류의 총기입니다. 여기 이 땅은 이미 총기를 들고 거리를 활보하는 미국만큼이나 위험해요.

BTS는 〈작은 것들을 위한 시〉에서 평화에 대해 이야기했어요. 그들은 세계 평화나 거대한 질서에 대해 "No way말도 안돼"라고 말했어요. 그리고 자신들은 그저 평범한 당신을 지킬 거라고 말해요. 무얼 하라는 것인지 알 수 없는 거대한 질서나 세계 평화와 같은 뜬구름 잡는 소리 하지 말고, 평화는 바로 눈앞에 있는 당신의 삶을 존중하고 사랑하는 것이라는 주장입니다. 윤석열 대통령이 새겨들어야 할 말이에요.

윤석열 대통령은 가치 동맹이라는 거대한 질서와 같은 뜬구름 잡는 소리를 늘 합니다. 그런 이야기들이 BTS에게는 부질없는 이야기로 들릴 거예요. 왜냐하면 평범한 소우주에게 필요한 것은 지금 여기의 평화와 안정입니다. 소우주인 나에게 정작 필요한 것은 내일도 안전하게 살 수 있는 생활의 안정이고, 누구를 위한 것인지 알 수 없는 전쟁놀음이 아니라 내일도 평화롭게 살 수 있는 생존권이에요.

중요한 것은 힘센 자들이 만들어놓은 거대한 질서가 아니라 바로 눈앞에 있는 당신이라는 것입니다. 북한을 거대한 악으로 규정해놓고 한미일이 삼각 동맹을 구축해 그들을 압도적으로 억제하자는 주장은 "No way"입니다. 그런 거대한 주장을 하며 정작 일부 전쟁광들이 북한으로 삐라를 보내는 것을 '표현의 자유'라며 방치하면서 접경 지역 주민들의 생존권을 짓밟고, 북한의 오물 풍선이 용산에 떨어지게 만들어 용산 주민의 생명권을 위협하는 일을 하지 않게 하는 것이 중요하다는 것입니다. 지금 여기 바로 당신의 생명권과 생존권이 세계 평화와 질서를 위해 보호해야 한다는 표현의 자유보다 더 중요하지요.

BTS의 나라는 가능할까?

제가 생각하는 BTS의 나라는 혐오하지 않는 나라, 전쟁하지 않는 나라입니다. 과연 그런 '봄날'이 찾아올까요? 누가 BTS처럼 이런 질문을 저에게 한다면 전 반드시 올 수 있다고 답하겠습니다. 왜냐고요? 지금은 '어둠의 막바지'이기 때문이에요. 지금 세계는 과거의 체제가 신체제로 재편되고 있는 과정에 있습니다.

왜 윤석열 정부가 북한을 적대화하는 군사 동맹을 더 맺지 못해서 안달일까요? 저는 간단하게 생각합니다. 지금 그들에게 위기가 왔기 때문입니다. 만약 남과 북 사이에 교통로가 만들어지고, 한반도가 대륙과 연결되는 순간, 혐오주의자들과 군사주의자들이 설 곳이 없어지기 때문입니다. 만약 분단 체제가 와해되고 평화 체제가 정착되면 안보 장사로 먹고살던 사람들이 위기에 처하게 됩니다. 그래서 무리인 줄 알면서도 미국에 핵무기를 달라고 애걸복걸하고, 여전히 침략적 본성을 버리지 못한 일본과 한일 동맹을 추구하고, '전쟁 기계'인 나토를 동아시아까지 끌고 오려고 하는 겁니다.

분단을 넘어 대륙과 이어지는 세상이 얼마나 좋은지 연암 박지원의 『열하일기』를 보면 알 수 있습니다. 그는 중국 사신단의 일원으로 두만강을 건너 대륙을 경험합니다. 그때 그는 캄캄한 곳에 갇혀 있다 갑자기 환한 곳으로 나온 아이처럼 금강산 비로봉 산마루에 올라서 동해를 바라보며 한바탕 울고 싶다고 했습니다. 한 번도 경험해보지 못한 넓은 세상을 만난 감회가 남달랐던 겁니다.

대한민국은 실질적으로 섬나라입니다. 지도상으로는 대륙과 연결되어 있으나 역사적으로 단 한 번도 대륙의 일원으로 살아본 적이 없어요. 조선 시대까지 우리와 중국은 조공-책봉 관계였습니다. 사신과 같은 소수 특권 계급만이 대륙을 경험할 수 있었지요. 근대에 들어서는 일본의 식민지였습니다. 국가 자체가 사라진 것입니다. 국가를 잃은 이주민들이 대륙을 난민으로 경험하게 됩니다. 해방으로 우리는 주권을 되찾는 듯했지만 한국 전쟁으로 분단되어버렸습니다. 특정한 사람조차 대륙을 밟을 수 없는 시대로 퇴행해버린 것입니다.

영토가 분단되었다는 것은 온전한 주권을 가지지 못한다는 것을 의미합니다. 우리 영토의 한쪽인 북한은 핵을 가졌습니다. 이제 우리를 그들의 상대로 인정하지 않고 있습니다. 오히려 미국을 통해 우리를 상대하고자 합니다. 미국은 여전히 우리에게 완전한 자유를 줄 마음이 별로 없습니다. 우리 땅에는 아직 그들의 군대가 머물고 있습니다. 전쟁이 났을 때 군대를 통제할 작전 지휘권도 그들이 가지고 있습니다. 북한을 상대할 핵무기를 만들도록 허락할 생각도 없어요. 결코 미국은 우리가 독립적인 대륙 국가가 되는 것을 원하지 않습니다. 오히려 그들이 중국과 러시아와 싸우는 데 우리를 방어막으로 사용하려고 합니다. 따라서 북한이 따로 살아도 좋다고 말하고 있고, 미국의 세계 패권이 흔들리는 지금의 상황이야말로 다양한 방식으로 우리가 독립적인 근대화를 완성할 수 있는 기회이기도 합니다.

우리에게는 지금 한반도에 평화 체제를 구축할 기회가 왔습니다. 북한도 이것은 아직 부정하지 않고 있어요. 주변 여건도 좋아요. 그동안 우리의 독립을 견제하던 강대국들이 "제 코가 석 자"입니다. 미국이 세계를 마음대로 할 수 있는 힘이 빠지고 있어요. 중국은 여전히 자신의 국내 문제를 해결하는 데 집중하고 있어요. 러시아는 우크라이나 전쟁에 빠져 동북아시아의 문제에 적극적으로 개입할 여력이 없어요. 일본은 여전히 핵무기가 없고, 군사적 주권도 확보되어 있지 않아요. 어느 국가도 한국이 이런 방향으로 나아가겠다고 선포할 때 전력으로 반대하기 힘든 상황입니다.

우리는 우리가 원하는 것을 밀고 나갈 정도의 힘은 이제 충분히 있습니다. 2024년 1월에 미국 군사력 평가 기관 글로벌 파이어파워GFP가 세계 군사력 순위를 발표했습니다. 우리나라가 몇 번째일까요? 무려 5위예요. 미국, 러시아, 중국, 인도 다음입니다. 북한이 36위예요. 경제력은 말할 것도 없고요. 최근 순위가 조금 떨어지기는 했지만 우리나라는 세계 10위권 경제 대국입니다. 문화적으로는 어떤가요? 우리는 BTS 보유국이에요. 전 세계가 우리 문화 산업을 따라 하고 있습니다. 역사상 처음으로 우리가 문화 대국이 된 것입니다.

그럼에도 불구하고 왜 우리는 여전히 식민지처럼 휘둘리고 있을까요? 이유는 간단합니다. 힘이 부족해서 그런 것이 아닙니다. 우리 안의 식민성을 극복하지 못했기 때문입니다. 식민성은 식민주의의 하나입니다. 식민주의는 식민 체제와 식민성으로 이루어져요. 식민 체제가 무너져도 많은 사람이 식민성을 가지고 있으면 식민주의는 유지됩니다. 식민성은 인종주의와 군사주의로 구성됩니다. 우리나라에는 아직 식민성에 빠져 있는 사람들이 있습니다. 미국이 도와주지 않으면 우리 힘으로는 살 수 없는 것으로 알고 있는 사람들이 너무 많습니다. 그런 사람들은 인종주의의 하나인 혐오주의와 군사주의에 빠져서 미국의 힘을 빌려 북한과 싸우는 방법 외에는 아무것도 생각하려고 하지 않습니다.

근대 국가가 되려면 주권과 영토가 온전해야 합니다. 북한과 싸우는 한, 둘 다 불완전해요. 영토는 반으로 쪼개져 있어서 언제든 전쟁이 일어날 수 있는 불안정한 상태죠. 북한의 핵을 상대하기 위해서는 미국에 굴복해야 합니다. 핵을 달라고 애걸하든지, 지켜달라고 매달려야 합니다. 주권도 독립적으로 행사 못 합니다. 그래서 식민성을 가진 사람들이 나라를 다스리는 한 우리의 완전한 근대는 요원합니다.

미국의 군대를 주둔시켜놓고 싸우는 것 외에는 북한을 상대할 방법이 전혀 없을까요? 군사주의적 방법 말고도 북한을 상대할 방법은 얼마든지 있습니다. 이미 우리는 북한과 평화체제를 이룰 문턱까지 갔다가 좌절된 경험이 있어요. 주변 국가들은 모두 북한의 위협을 하루라도 빨리 누그러뜨리기를 바라고 있습니다. 북한의 위협을 정치적으로 이용해왔던 미국조차도 이제 북한 위협을 더 이상 방치할 수 없는 단계가 왔어요. 북한이 미국을 핵무기로 공격할 수 있는 단계에 도달해버렸기 때문입니다.

식민주의자들의 힘이 너무 강하다고 좌절할 필요는 없습니다. 그들의 힘의 원천이었던 미국이 약해지고 있고, 그들에게 저항하는 대중의 힘은 커지고 있습니다. 우리는 멋진 경험과 역사도 가지고 있습니다. 오랜 군사 독재를 무너뜨린 경험이 있습니다. 민주화 시위로 독재 정권을 교체한 역사가 외국에는 별로 없어요. 우리는 해냈죠. 평범한 시민들이 힘을 모아 경제 발전도 이루어냈어요. 우리는 선진국이 된 유일한 개발도상국입니다 2021년 유엔무역개발회의. 우리는 그런 일을 또 할 수 있습니다.

우리는 BTS 보유국입니다. BTS는 그들만 잘해서 거기까지 간 것이 아닙니다. 동시대에 블랙핑크가 있었고, 바로 앞에 싸이가 있었습니다. 그들 뒤에는 그들을 만들어낸 문화 사단들이 있었고요. 그 문화 사단의 감각과 서사 능력은 한국의 문화 토양에서 온 것입니다. BTS 나라 한국은 전 세계인들이 박수쳐주고 싶고, 본받고 싶고, 가보고 싶은 나라입니다.

지금 앞을 알 수 없는 깊은 어둠이 와 있습니다. BTS의 노래 〈봄날〉의 가사처럼 "얼마나 기다려야 또 몇 밤을 더 새워야" 아침이 다시 올까요? 우린 해왔고, 할 수 있기 때문에 우리 하기 나름입니다. "네 손 잡고 지구 반대편까지 가 이 겨울을 끝내고파 이 겨울을 끝내고" 싶은 마음이 강하면 길은 열릴 수 있습니다. 지금은 우리가 잘하면 전혀 새로운 세상을 만들 수 있는 약한 고리가 기존의 세계에 드러나고 있습니다.

지금 베트남을 한번 보세요. 미국과 중국 그리고 러시아를 상대로 그들의 국익을 마음껏 추구하고 있습니다. 강대국들의 약한 고리가 드러나고 있기 때문에 그것을 활용하면 베트남 정도의 국력을 가진 국가도 주권 국가로서 마음껏 활약할 수 있는 시기입니다.

어디서 출발할까요? '나라의 꿈'을 꾸는 사람이 더 많이 생겨나야 합니다. 지금 나라의 꿈은 BTS의 나라가 되는 것입니다. 나라의 꿈을 이루기 위해서는 나라의 꿈에 동참하는 사람들이 30%는 되어야 해요. 20%면 지금처럼 살아가고, 10%면 망해요. 그러니 여러분, 나라의 꿈을 조금이라도 꿉시다. "아침은 다시 올" 겁니다. "어떤 어둠도 어떤 계절도 영원할 순 없으니까"요. 부디 "꽃피울 때까지 그곳에 좀 더 머물러" 주세요. 여러분이 나라의 꿈을 꾸는 그곳에요. 봄날은 옵니다.

4

장애인과
함께하는 법

김형수

◆ 김형수

연세대 국어국문학과를 졸업했다. 장애인 학생지원 네트워크 대표이다. 현재 장애인 활동지원 전문 강사, 인권 교육 강사로 활동 중이다. 함께 쓴 책으로『인권연대의 청소년 인권 특강』,『한국의 소수자, 실태와 전망』,『나는 '나쁜' 장애인이고 싶다』등이 있다.

4 장애인과 함께하는 법

장애인학생지원네트워크 대표로 일하고 있는 김형수입니다. 예전에 국가인권위원회에서도 인권 교육 전문위원으로 위촉되어 일했습니다. 지금은 한국피플퍼스트라는 장애 인권 단체의 운영위원으로 있어요. 오늘 여러분과 장애 인권에 관해 이야기 나누도록 할게요. 요즘은 교육청 등에서 의무적으로 인권 강의를 들어야 합니다. 해마다 들어야 해서 간혹 이미 다 알고 그전에 들었던 이야기를 또 들어야 하느냐 하며 불평을 늘어놓는 분이 계세요. 법정 의무라 매년 인권 강의를 들어야 하는데요, 여기에는 이유가 있습니다.

알기는 쉬워도 실천하기는 어려운 인권

인권은 '아는 것'만으로는 부족합니다. 보통은 사회나 도덕 같은 인성 교육으로 오해를 하시는데, 대학수학능력시험에도 안 나오고 승진 시험에도 안 나오는데 왜 매년 의무적으로 들어야 할까요? 예를 들어서 장애인 주차 구역에 보행에 어려움이 없는 비장애인들이 주차하면 안 된다는 사실을 모두 알고 있습니다. 그런데도 버젓이 차를 대놓는 분들이 있죠. 비어 있는데 어때, 하고는 그냥 주차를 합니다. 보통 사람들도 자리가 없으면 그러고 싶은 유혹에 시달리죠. 학교 선생님들의 경우 장애인 학생과 비장애 학생이 함께 공부하는 통합교육의 필요성에 관해 다들 잘 알고 계십니다. 그렇지만 막상 장애인 학생을 배정받기는 꺼려요. 왜 그럴까요?

인권은 아는 것보다 실천하기가 어렵습니다. 마음속으로 장애인 학생을 싫어해도 돼요. 미워해도 됩니다. 마음속 감정까지 인권이 개입하지 못해요. 하지만 차별을 어떤 행위로 실행하면 안 됩니다. 이건 타인의 권리를 해치는 행위이기 때문이에요. 이처럼 인권은 머리와 생각이 아닌 몸으로 하는 실천의 영역입니다. 그래서 인권은 늘 연습하고 훈련해야 해요. 그래서 인권이 해마다 들어야 하는 법정 의무 교육에 들어 있는 겁니다.

그래서 저는 사람들께 인권은 국·영·수가 아니라 예체능이라고 말씀드려요. 매일 챙겨 먹는 비타민과 같다고 말씀드립니다. 인권을 실천하려면 에너지가 필요해요. 제가 가끔 학교에서 학생들을 상대로 강연을 하다 보면 간식이 꼭 필요하더군요. 아이들은 배가 부르면 좀 더 집중을 잘합니다. 제가 반은 농담조로 이런 얘기도 해요. 학교 안에 편의점이나 자판기가 있는 데는 학폭이 조금 덜하다고요. 하루 종일 내내 가둬놓고 공부만 시키면 아이들이 스트레스를 많이 받아서 문제 행동도 심해진다고 말입니다. 물론 학폭을 그런 식으로 규정할 수 없다는 건 알지만, 인권이 행동이고 이를 뒷받침하는 에너지가 필요하다는 말씀을 비유적으로 드리는 거예요.

인권은 머리로 하는 게 아니라 몸으로 하는 것입니다. 마치 안전벨트를 매는 것과 같아요. 힘들고 갑갑해도 안전을 위해 반드시 지켜야 할 행동이에요. 많은 사람이 차에 타면 자연스럽게 안전벨트를 맵니다. 그만큼 몸에 익숙해진 거예요. 인권도 그러해야 합니다. 다만, 인권은 혼자 지킬 수 없어요. 나만 안전벨트 맸다고 해서 모두가 안전해지는 건 아닙니다. 공동체의 안전을 위해서는 서로 벨트를 매고 안전 운전해야 합니다.

사람들이 한자리에 모여서 인권 강연을 듣는 것도 서로 얼굴을 마주하며 경각심을 가지는 데 도움이 됩니다. 요즘은 개별 영상 강의도 많은데요, 효과가 떨어져요. 학교에서도 인권 강연은 반드시 대면으로 하는 게 원칙입니다. 그래야 '우리'라는 공동체 의식이 생깁니다. 장애인 학생도 우리 반 친구라는 인식이 만들어져요. 학교에서 장애인 학생을 놀리거나 차별하는 것도 나쁘지만, 그걸 뻔히 보면서도 안 말리는 사람도 나쁩니다. 이런 일을 막기 위해 굳이 대면 인권 강연을 하는 거예요. 서로의 눈빛을 보면서 우리가 서로 이어져 있음을 발견하는 거예요. 특히나 장애인 인권은 이런 측면이 강합니다. 책으로 배워서는 실행하기가 어려워요. 선입견이 있기 때문입니다.

보통 장애인 인권을 이야기할 때 사랑, 공감, 배려, 포용, 이런 말들이 많이 나옵니다. 유독 장애라는 단어만 들어가면 장애인을 대상화하고 있는 겁니다. 다른 교육에는 절대 그런 말이 붙지 않아요. 여성 인권을 말할 때 "사랑합시다", 동성애 인권, 소수자 인권 말할 때 그렇게 안 하거든요. 우리가 머리로는 다들 알고 있습니다. 장애인도 비장애인과 동등하고, 그러니 당연히 인권도 누려야 하고…. 하지만 현실에서는 포용의 대상으로 봐요. 관성이라는 게 있는 겁니다. 습관은 잘 안 바뀝니다. 그래서 저는 법이나 학술적인 차원보다는 장애인 인권을 현실에서 어떻게 실천해나갈 것이냐를 중심에 두고 말씀드리려고 합니다.

"장애는 병이 아닙니다"

제가 오래전에 학교에서 학생 체벌 금지를 주제로 강연한 적이 있습니다. 교사를 대상으로 했는데요. 그럴 때 선생님, 좋은 말씀 감사합니다. 이런 반응이 있으면 제 강의는 실패라고 생각했어요. 인권 강의는 듣고 나서 화가 나야 합니다. '나더러 어쩌라고.', '말이 쉽지, 현장에서 가능하기나 해?' 이런 생각이 들어야 해요. 그래서 한번은 교장 선생님한테 멱살도 잡혀봤습니다. 학교 현장에서 체벌이 성행하던 시절이었어요. 왜 우리한테만 못 하게 하느냐는 거예요. 요즘 학생들이 얼마나 말을 안 듣는지 알기나 하느냐는 겁니다.

지금도 애들은 맞으면서 큰다고 생각하시는 분들이 많아요. 그래도 예전처럼 마음대로 손찌검은 못 합니다. 마지막 순간까지 고민하죠. '때리는 거 말고 다른 방법 없나?' 그게 인권입니다. 체벌이라는 즉각적이고 감정적인 방법 말고 좀 더 교육적이고 인권적인 방법은 없을까? 고민할 수 있는 시간과 에너지가 필요합니다. 참지 못했을 때 주변 교사들이 만류합니다. '너 그러면 큰일 난다, 민원 들어온다, 진정해.' 이러면서 말리죠. 그게 바로 인권을 위한 시간이고 연대이고 고민입니다. 머리로는 누구보다도 학생 인권을 존중해야 한다고 생각하지만, 막상 현실에서는 감정적으로 견디기 힘들 때가 있어요. 그만큼 인권은 힘듭니다. 그래서 인권은 함께 실천해나가야 한다는 말씀을 드리고요. 그래서 각 시도 교육청에서 학생 인권조례를 제정했습니다. 덕분에 많이 진전되었습니다만, 그렇다고 해서 인권 교육을 멈춰서는 안 됩니다. 실제로 폐지하는 곳도 있고, 학교 인권은 여전히 진행 중입니다. 그나마 시간이 흐르면서 여건은 계속 나아지고 있습니다.

우리나라에서 장애인 특별전형(특수교육대상자 특별전형) 제도가 생긴 게 1995년입니다. 이제 30년이 되었어요. 그전에는 대학에 가는 장애인이 극소수였습니다. 요즘은 중증 장애인도 대학에 가는 경우가 많아졌습니다. 과거에는 대학에서 꺼렸지만 이제는 비장애 학생 수도 줄어들고 또 정부 지원도 있어서 조건이 좋아진 거예요. 옛날에는 동네 체육관, 수영 학원에서 장애인은 위험하다고 안 받아주었어요. 그런데 요즘은 "통합교육 잘하겠습니다. 장애인 학생과 함께 수업하겠습니다." 하시는 분들이 많아요. 사회 환경이 정말 빠르게 변화하고 있습니다. 점차 비장애인 수는 줄고 장애인 수가 늘고 있습니다.

다만, 장애에 관한 인식은 조금 더 혁신되어야 합니다. 일상적으로 우리가 장애에 관해 오히려 혐오와 차별을 순환적으로 재생산하는 지점이 있어요. 예를 들어 예전에는 장애인 인권 교육할 때 이렇게 설득했습니다. "누구나 장애인이 될 수 있다. 당신도 예외는 아니다." 그럴듯하지만, 사실 이건 협박이에요. 그리고 이러한 말에는 '장애'가 '불행'이라는 전제가 깔려 있습니다. 결국 장애에 대한 공포를 재생산하는 혐오 표현입니다. 그러면 저 같은 장애인은 불행한 삶을 살고 있는 걸까요? 장애를 있는 그대로 받아들이지 않고, 비장애인의 삶이 더 우월하고 덜 불행하다는 인식을 강화하는 위험이 있습니다.

제가 늘 강연을 다니면서 드리는 말씀이 있습니다. 장애는 병이 아닙니다. 나을 수 없습니다. 아픈 게 아니거든요. 그럼에도 장애를 일종의 질병으로만 간주하는 분들이 많아요. 머리는 알겠는데 언어 습관이 바뀌는 건 굉장히 어렵습니다. 그래서 제가 이런 말씀을 드리고 강의를 마치면 "우리 다리 아픈 선생님이 힘들게 와서 고생했다. 모두 박수." 이런 이상한 반응이 여전히 나옵니다. 저는 다리가 아픈 사람이 아니라 지체 장애인이라는 국가가 시행하는 사회 정책과 복지 제도를 이용하는 시민입니다. 좀 더 과학적으로 정확하게 표현한다면 우리가 '뇌성 마비'라고 말하는 뇌 병변 장애로, 중추 신경 기능 이상으로 신체 조절이 잘 안되는 상태를 말합니다. 그러니까 '조절이 안되는 사람'이라고 소개해야 합니다. '병이나 장애나 그게 무슨 큰 차이인가? 어차피 정상은 아니잖아?'라고 생각하실 수 있습니다. 그러나 장애를 질병으로 받아들이면 우리 마음에 공포심이 생겨요. 기피하게 됩니다. 선생님이 장애인 학생을 아픈 아이로 소개하면 비장애 학생은 아마도 이렇게 생각할 거예요. '그러면 병원에 있어야 되는데 왜 학교에 있지?' 교육보다 치료가 우선이잖아요. 다른 학생들에게 장애인의 통합교육을 설득할 수 없습니다. 무엇보다 여기 계시는 여러분이 생각하시는 '정상'은 과연 무엇인가요?

장애는 과거보다 우리 삶과 밀접해졌습니다. 아마도 이 자리에 계신 모두는 곧 장애인이, 반드시 필연코 될 거예요. 앞으로 수명이 늘어나고 의료 기술이 발전하면서 인지와 체력이 떨어진 상태로 100세 너머까지 살게 될 테니까요. 돌아갈 수 없는 '장애'를 안고 살아야 합니다. 모두가 요양 병원과 돌봄을 경험할 수밖에 없습니다. 제가 어릴 때만 해도 보통

왜 우리는 차별과 혐오에 지배당하는가?

60~70대면 많이들 돌아가셨습니다. 장애를 경험할 기회가 별로 없었어요. 그러나 이제 우리는 생애의 자연스러운 흐름에 따라 '장애가 있음'을 경험합니다. 저출산 환경도 장애인에 관한 인식 전환을 요구합니다. 예전에는 다자녀 가구에 저 같은 장애아가 섞여 있어도 더 많은 비장애 아이를 낳을 수 있었습니다만, 요즘은 장애 여부와 상관없이 한 아이만 기르는 일이 많아졌어요.

이제는 장애와 비장애가 아니라 출산 자체가 중요한 시대가 됐습니다. 결혼 연령이 높아지고, 출산율은 매우 낮아졌습니다. 출산율을 높이려면 정책적으로 국가가 양육을 책임져야 합니다. 장애든 비장애든 상관없이 국가와 사회가 나서서 지원해야 한다는 메시지를 줘야 해요. 장애인 혐오가 사라지지 않는 한 출산율은 올라가지 않을 거예요. 장애인 이동권 확보를 위해 지하철에서 시위하는 걸 정부가 나서서 비난하는데 누가 장애인 출현율이 높은 노산을 감수하려고 하겠어요. 개인이 알아서 책임지라고 하는 분위기에서 출산율이 높아질리 없습니다. 앞으로 교실에서 장애인 학생들을 더 자주 보게될 겁니다. 장애인 학생은 폭발적으로 늘어날 것입니다. 우리나라도 2007년 유엔 장애인 권리협약에 가입하면서 장애인이나 특수교육 대상자를 널리 인정해야 합니다. 국제 사회에서 계속 압박을 하죠. '한국은 장애의 범위가 이렇게 좁아? 범위를 넓혀.' 난민들도, 다문화도 장애인의 범위에 넣어서 지원하는 제도와 책임을 촉구합니다.

제가 학교 다닐 때만 해도 제가 최고 중증이었습니다. 저는 부산에서 일반 학교를 쭉 다녔는데요. 열 군데 다 거부당하고 겨우겨우 입학이 가능한 사립학교를 찾아갔습니다. 그런데 요즘에 어디 가서 제가 '중증 지체 장애인이에요'라는 말을 못 해요. 장애의 정도는 절대적 기준이 없습니다. 상대적이에요. 이제 왜 제가 중증 장애인이 아닐까요? 사회에 인프라가 생겼기 때문입니다. 학교나 기타 공공 기관에 장애인을 위한 편의 시설이 생겼습니다. 예전에는 입학만 시켜주어도 감지덕지했습니다.

하지만 지금은 학교가 검증을 받아야 할 처지가 되었어요. 특수학급이 있나요? 지원 인력은 충분한가요? 담당 교사는 장애 인권 교육 연수를 받았나요? 이런 질문을 받습니다. 이렇게 장애 개념은 계속 바뀝니다. 지금 우리가 상식으로 생각하는 장애 개념도 그럴 거예요. 현실이 변하고 있는데 과거의 생각에 빠져 있으면 새로운 장애 유형이 등장했을 때 당황할 수 있습니다. 이때의 당황스러움은 눈빛으로 드러나요. 혐오와 차별로 이어지죠. 인권에 관심을 갖고 계신 분들이라면 여기에 미리 대비해야 합니다. '인권'이라는 말 자체가 끊임없이 변화하는 개념이잖아요. 장애도 마찬가지입니다.

일상에서 키워가는 다양성 감각

인권 감수성을 높이는 방법은 간단합니다. 나 자신을 기준으로 삼으면 돼요. 장애인이라고 해서 특별히 다른 존재가 아닙니다. 나와 같은 욕구와 필요를 지닌 사람들이에요. 비장애인들이 좋은 차를 타고 싶으면 장애인도 좋은 차를 타고 싶어 합니다. 내가 만약 익숙한 동네에서 크고 넓은 집에 살고 싶다면, 장애인도 그래서 탈시설이 중요하겠구나 생각하면 돼요.

비장애인은 지하철 타게 해달라고 시위 안 합니다. 그럴 필요가 없으니까요. 그런데 만약 여러분이 어떤 지하철역을 이용하다가 불편한 점이 생겼어요. 화장실이 없다거나 안내 표시가 제대로 안 되어 있습니다. 그럴 때 단체로 몰려가서 시위하면 바로 고쳐주지 않을까요? 비장애인의 기준에서 불편하다고 생각하기 때문입니다. 관리자들도 이를 당연하게 받아들여요. 그런데 왜 장애인들은 안 해줄까요? 똑같이 세금 내는데, 바로 기준이 다르기 때문입니다.

인권 의식은 멀리 있지 않습니다. 나를 존중하듯이 타인을 존중하면 돼요. 일반 학교에서 장애인 학생들을 거부합니다. 대신 특수학교로 가라고 해요. 이게 왜 인권에 반하는 일일까요? 시설도 좋고 다니기도 편할 텐데. 특수학교가 동네마다 있고, 비장애인들도 가고 싶어 한다면 인권에 반하지 않습니다. 그런데 전국에 특수학교가 몇 군데나 있을까요? 서울만 보면 구별로 한 군데가 있을까 말까예요. 아예 한 군데도 없는 곳도 많습니다. 그래서 장애인 학생이 특수학교에 가려면 한참 걸려요. 이 때문에 이사하는 분들도 많습니다. 더 큰 문제는 물리적 거리가 아닙니다. 비장애인 학생이 '와, 나도 장애인 되고 싶다, 저 학교 너무 부러워.' 이러지 않습니다. 특수학교는 기피, 혐오 시설로 인식합니다. 그런 곳에 가라고 강요하는 게 과연 인권 친화적일까요? 그런 기사나 주장을 듣는 그곳에서 근무하는 선생님이나 학생들은 어떤 입장일까요?

방법이 없지는 않습니다. 1층에 비장애인들이 선호하는 상업 시설 들어오고 유명한 커피가게가 있으면, 편의 시설 잘 갖추고 조경 아름답게 해놓으면 비장애인들도 오고 싶어 하지 않을까요? 그러면 주민들이 땅값 떨어진다고 반대하지도 않을 거고요. 하지만 그럴 수 없다는 걸 많은 사람이 알고 있어요. 우리 사회는 아직 장애인 인권을 시혜로 생각합니다. 그래서 비장애인 기준으로 보면 당연한 일도 장애인에게는 사치가 돼요.

비장애인들은 고급 승용차를 원하지만, 장애인은 지하철 이용도 어렵습니다. 비장애인들은 택시 호출하는 데 1분도 안 걸리는데, 장애인은 전용 콜택시 타려면 1시간을 기다려야 해요. 이런 격차를 줄이는 것이 인권입니다.

"왜 고마워할 줄 모르고 성질을 내." 제가 학교 다니면서 많이 들었던 말입니다. 해주는 게 어딘데 요구까지 하느냐는 뜻이겠죠. 여러분, 장애인들이 학교에서 교육받는 일에 고마워해야 할까요? 의무 교육은 법으로 규정되어 있습니다. 대한민국 국민의 권리예요. 특수교육법은 특별법입니다. 우리 법체계는 특별법 우선을 원칙으로 합니다. 일반법과 상충했을 때 특별법을 먼저 적용한다는 뜻이에요. 학교 현장이라면 초중등 교육법보다 우선해서 준수해야 합니다. 그런데 이런 당연한 원칙이 현실에서 지켜지지 않는 이유는 뭘까요? 우리가 장애 인권 관련해서 고민해야 할 것은 바로 이런 부분입니다.

인권은 끊임없이 변합니다. 그래서 인권 강연하는 저도 힘들어요. 인권 강사 때려치울까, 매일 고민합니다. 한번은 지나가는 말로 유모차 어쩌고 했다가 지적을 받았습니다. 성 역할을 특정하는 용어이기 때문입니다. 육아를 엄마만 해야 하는 건 아니잖아요. 초보 강사 시절에는 '녹색어머니회' 이야기를 했다가 마찬가지 이유로 비판을 받았습니다. 인권을 가르치는 사람이 성 인지 감수성이 남보다 못해서야 쓰겠느냐는 거예요. 그러면서 저 자신도 많이 바뀐 것 같습니다. 요즘은 그래서 '부모'라는 말보다 '양육자'라는 말을 많이 쓰죠. 돌봄이 성 역할로 한정되는 걸 피하자는 겁니다. 그러면서 우리의 선입견이나 차별적 인식이 다듬어집니다.

인권은 정답이 없어요. 인권은 과정이에요. 인권 친화적으로 우리 자신을 바꿔나가는 게 중요해요. 장애가 싫고, 무섭고, 두려워도 의식적으로 비장애인과 다름없이 대하려고 노력하는 겁니다. 본능에 두려움에 혐오에 지배당하지 않으려고 스스로를 각성시키는 거예요. 애초에 우리 사회는 다양한 사람들로 이루어졌습니다. 인권은 이러한 현실을 있는 그대로 받아들이는 과정이라고 생각해요.

다양성을 받아들이는 데는 훈련이 필요합니다. 우리 존재 자체가 동일성을 추구하는 경향이 있기 때문이에요. 우리는 오랫동안 '단일 민족'이라는 신화에 길들어 왔습니다. 그래서 국적이나 인종에 민감해요. 국적이나 인종이 다른 사람들은 '우리'가 아니라고 생각합니다. 그러다 보니 인종 차별이 심한 나라 중 하나가 되었어요. 우리 스스로는 잘 못 느끼죠. 2018년도에 유엔 인종차별철폐위원회에서 우리나라더러 인종 차별 심각하다고, 대책 마련하라고 경고할 정도예요. 우리 스스로 다양성에 관한 감각을 키워야 합니다.

장애인 스스로 장애인 등록하기 잘했다고 여길 수 있다면, 자연스럽게 받아들인다면 그 사회는 장애인 인권이 잘 보장되고 있는 겁니다. 어떤 사람의 인권이 보장된다는 건 그 사람의 정체성을 있는 그대로 긍정할 수 있다는 뜻입니다. 여성 인권 수업을 듣고 나면 여성임이 부끄럽지 않고 자부심이 느껴지듯이 말입니다.

만약 여러분이 선생님이라면 새로 들어온 장애인 학생에게 이렇게 말해줄 수 있어야 합니다. "선생님은 비장애인이라 장애에 대해 잘 모른다. 많이 가르쳐달라. 나도 노력하겠다. 마찬가지로 만약 비장애 학생이 너에 대해 궁금해한다면 충분히 설명해주거라. 분명히 좋은 친구가 생길 것이다. 때로 아이들이 너를 놀리거나 차별할 수도 있다. 그렇다고 너무 속상해하지 마라. 장애는 나쁜 게 아니다. 나쁜 건 너를 놀리고 차별하는 '행위'들이다. 네게는 아무런 잘못이 없다."

그런데 보통 어때요. 장애인 학생이 "선생님, 애들이 자꾸 놀려요." 하면 일단 장애 당사자 학생에게 안타까워하는 눈빛부터 보내세요. 마음이 그렇다 하더라도 자제하셔야 합니다. 그 눈빛에서 아이들은 다 읽어요. 자기 스스로 동정받아야 하는 열등한 존재로 느끼게 됩니다. 그 대신 당당히 맞서도록 도와주세요. 차별에 대응하면서 자기를 불쌍히 여기는 대신 자기 자신을 긍정할 수 있게끔 말입니다. 장애는 부끄러운 게 아니거든요. 상처가 아닙니다. 장애인은 다양한 사람 중 한 사람일 뿐입니다. 그렇게 동등해지는 거예요.

반대의 경우를 한번 생각해볼까요. 이번에는 비장애인 학생이 말합니다. "선생님, ○○이가 수업 시간에 막 돌아다니고 소리 질러서 힘들어 죽겠어요. 얘 전학 보내면 안 되나요, 특수학교로?" 그러면 보통 이렇게 대답합니다. "힘들어도 네가 참아. 걔는 불쌍한 장애인이잖아." 어린 학생들에게 이런 설득은 잘 받아들여지지 않습니다. 희생을 강요하는 셈이니까요. 어떤 비장애인도 장애인을 위해 희생할 의무는 없습니다. 장애인 학생과 함께 학습할 수 있도록 지원하는 건 교육 당국의 몫입니다. 교사와 지원 인력이 할 일이에요.

그런데 이러한 일을 아이들이 감수해야 할 무엇으로 인식하게 하면 오히려 안 좋은 감정만 생깁니다. 대신 이렇게 말해준다면 어떨까요? "네가 정말 힘들겠구나. 학교에서 너와 그 친구가 함께 잘 공부할 수 있도록 좀 더 노력할게. 하지만 앞으로 네가 중학교에 가고 고등학교, 대학교에 가면 장애인들을 또 만나게 될 거야. 그때마다 그들을 보이지 않는 곳으로 보낼 수는 없단다. 대학교에 가면 장애인 학생과 함께 조별 과제를 해야 할지도 몰라. 우리가 앞으로 함께 잘 지내려면 너도 노력을 해야 해. 장애에 익숙해지고 장애인을 차별하지 않고 존중하는 법을 반드시 배워야 하는 곳이 학교란다. 우리 함께 방법을 찾아보자."

혐오와 차별의 문제 – 국제 행사 유치 실패의 이면

앞으로 장애인의 사회 진출은 지금보다 더 많아질 겁니다. 우리가 일상에서 장애인을 더 자주 만나야 한다는 뜻이에요. 다양성 사회는 말 그대로 서로 다른 사람들이 어울려 사는 사회입니다. 서로를 인정하고 서로에 대해 더 잘 알아가는 사회예요. 앞으로 태어나는 아이들은 어릴 때는 물론이고 어른이 되어서도 사회 각 분야에서 장애인과 함께 생활해야 합니다.

저는 국어 선생님이 되고 싶었습니다. 그래서 국문학과에 들어갔는데, 교생 실습을 안 시켜줬어요. 칠판에 글자 쓰면서 애들 가르치기 어렵다고요. 감히 장애인이 교사가 되려 하느냐고 질책도 받았습니다. 그런데 이제는 그러면 안 됩니다. 법적으로 처벌받아요. 우리나라는 장애인 의무고용제도가 있습니다. 공공 기관, 민간 기업 할 것 없이 법적으로 일정 범위에서 장애인을 의무적으로 고용해야 합니다. 그런데 현실에서 이 법은 잘 지켜지지 않아요. 심지어 국가 기관도 이를 어깁니다. 경기도 교육청만 해도 의무 고용 미달로 해마다 수백억 원의 벌금을 내고 있는 형편이에요.

장애는 우리 삶의 일부입니다. 앞서도 말씀드렸듯이 고령 사회가 되면서 일생에 한 번은 장애인으로 사는 시대가 되었습니다. 내가 장애인이 되면, 가족 중에 장애인이 생기면 어떻게 해야 되는지 적극적으로 배워야 하는 시대예요. 장애를 차별 없이 수용하는 연습이 필요해요. 그래서 장애인 학생과 함께 학교에 다니고 공부하는 건 힘들고 어렵지만 가치 있는 일이에요. 쉬운 일이 아니지만 중요한 일입니다. 그래서 연습해야 돼요. 그래서 함께해야 합니다.

아까 어떤 아이가 장애인 친구를 특수학교로 보내자는 말을 했었죠. 학교 선생님이라면 이 말의 맥락을 짚어주셔야 합니다. 내용만 놓고 보면 별문제가 없어 보이긴 하죠. 특수학교 자체가 장애인들을 위해 설립되었으니까요. 하지만 그 아이의 말에는 '분리'의 의미가 담겨 있습니다. 본인이 원해서 가겠다는 얘기가 아니잖아요. 강제로 '보내겠다'는 거예요.

어느 학교였는데 애들이 복도에서 조금 떠들었나 봐요. 지나가던 선생님이 이렇게 말합니다. "너, 이렇게 떠들면 특수학급에 보내 버린다." 장애인을 대상으로 하는 '특수'가 이렇게 낙인찍는 말로 쓰입니다. 특수학급은 장애인 학생이 소속된 반이 아닙니다. 이들을 지원하는 공간입니다. 학교에서 특수교육이 필요하면 누구든 지원받을 수 있는 곳입니다. 여러분이 장애인 학생을 분리하지 않고 '우리 반 친구'로 인식해야 혐오에서 나올 수 있어요. 보내버린다는 말 대신 "네가 뭔가 어려움이 있으면 특수학급에 가서 지원받을 수 있어"라고 얘기해주셔야죠.

"특수학교로 전학 보내면 안 돼요?"라는 말이 왜 차별인지 생각해보아야 합니다. 비장애인은 수업에 방해가 된다고 해서 다른 학교로 전학 가라는 얘기를 듣지 않습니다. 그런 경우는 학폭위^{학교폭력 대책심의위원회} 징계받을 때밖에 없어요. 그러니까 우리가 장애인 학생의 특성에 따른 행동을 학폭으로 취급하고 있는 거예요. 이러한 맥락을 잘 짚어보아야 합니다. 그래서 비장애 학생에게 "장애인 학생을 또 만날 거야. 그런데 우리 함께 문제를 인권적으로 교육적으로 풀어보자." 하고 대처하시기를 바라는 거예요. 쉬운 일은 아닙니다. 운이 좋다면 후에 이 친구가 "선생님, 장애인 친구 때문에 10개 중에 아홉 개는 힘들었는데요, 그중 한두 개는 좋은 점도 있어서 그것 때문에 버틸 수 있었어요"라고 말한다면 정말 잘된 일이고요.

장애인 학생과 함께하는 것은 힘듭니다. 인권을 지키기란 어렵습니다. 하지만 한두 가지 좋은 점을 가지고 의미 있게 버티는 거예요. 여러분 학창 시절을 한번 떠올려보세요. 학교가 그렇게 싫었지만 뭐 때문에 버텼죠? 내 마음을 알아주는 친구들과 맛있는 급식이 있었잖아요. 장애인에 관한 인식은 어려서부터 길러집니다. 참고 견뎌야 할 대상이 아닌 함께 살아갈 사람들이라는 생각을 심어주어야 해요.

가장 가까운 사람들, 부모나 가족부터 그래야 합니다. "내 자식이 장애인 돼도 낙심하지 않겠습니다. 장애인 등록하고, 특수교육 대상자 돼서 국가 도움을 받으면 좋겠어요. 학교에는 훌륭한 통합교사는 물론 제 아이를 도와줄 많은 분이 있으니 저도 잘 키워보겠습니다." 하고 말할 수 있어야 해요. 그래서 양육자들에게 저는 늘 강조해요. 현실을 받아들이고 힘들수록 서로를 지지해주어야 한다고 말씀드려요. 억장이 무너질 때도 있지만, 힘들어하는 배우자에게 말해야 합니다. "우리 힘 모아서 잘 키워보자. 내가 어릴 때 특수학급에서 장애인을 만나봤는데 괜찮더라. 키울 만하더라." 하고 말이에요.

장애인 인권은 이상이 아니고 현실입니다. 이제는 기업에서도 학창 시절에 장애인 학생과 함께했는지, 차별이나 혐오는 안 했는지 등의 평판 조사를 합니다. 왜 그럴까요? 공부는 잘했는데, 장애를 혐오하는 인성을 가진 사람을 뽑았더니 조직에서 버티지를 못해요. 대기업들은 '장애인 고용'이라는 말 대신 다양성과 포용성이라는 표현을 씁니다. 장애라는 말 자체가 사라져가고 있어요. 장애인하고 잘 어울려야 국제 사회에서 활동할 수 있습니다. 앞으로 글로벌 기업에 취직하려면 어학 점수보다 인권 감수성이 더 고려될 거예요. 이건 제 개인적인 생각이 아니에요. 세계적인 흐름이 그렇습니다.

지금 학교에서는 사회적 장애 인식 개선 교육을 실시합니다. 장애인복지법에 의해서 하는 건데요. 최근에 강화되고 있어요. 교육 당국이 갑자기 인권 친화적으로 변해서는 아닙니다. 유엔에서 한국을 예의주시하고 있어요. 그들이 보기에 한국은 장애인 혐오가 무척 심해요. 거의 범죄화되어 가고 있는 형국입니다. 그 결과 2022년에 유엔 인권 이사국에서 탈락합니다. 이게 유엔에서도 꽤 비중 있는 기구예요. 2006년도에 생겼는데 이후로 한국이 계속 이사국이었어요. 그러다가 빠진 겁니다.

우리나라는 2030년도 엑스포 유치에 실패합니다. 부산이 사우디아라비아의 리야드에 큰 표 차이로 밀렸어요. 당시 여론이 어땠습니까? 한국에서는 외려 압승할 것으로 착각했습니다. 국제 여론을 전혀 모르고 있었던 거예요. 당시 한국의 장애인 혐오와 여성 혐오가 문제가 됐습니다. 사우디아라비아는 여성 인권이 후진적이기로 유명했죠. 그런데 이번에 여성들의 사회 참여 기회를 크게 늘리겠다, 과거 여성의 운전 허용도 그런 의미였다면서 앞으로 인권에 힘쓰겠다는 식으로 국제 사회에 호소해요. 반면에 한국은 유명 연예인을 등장시켜서 홍보했어요.

우리와 함께 살아갈 사람들

지금처럼 장애인을 비롯한 소수자 혐오가 번지는 것을 막지 않으면 곧 한국 사회에 증오 범죄, 혐오 범죄가 들이닥칠 겁니다. 교육을 강화해서 막아야 해요. 우리나라는 2016년 '강남역 살인 사건'*을 계기로 여성 혐오 범죄에 대한 경각심이 크게 높아졌습니다. 그럼에도 여전히 여성 혐오가 공공연하게 벌어집니다. 지금의 장애인 혐오는 이러한 흐름을 막지 못한 데 기인하고요. 그다음 차례는 누구일까요? 아마도 외국인 노동자가 될 가능성이 큽니다. 혐오는 돌고 돌아요. 전염병

---

* 2016년 5월 17일 서울 강남역 근처 한 상가의 남녀 공용 화장실에서 발생한 살인 사건. 당시 가해자는 불특정 여성을 범행 대상으로 삼았다. 이후 전국에서 추모 운동이 벌어졌으며 여성 혐오 범죄가 사회적 문제로 부각되었다.

왜 우리는 차별과 혐오에 지배당하는가?

처럼 계속 퍼져나갑니다.

혐오를 막는 방법은 딱 하나밖에 없어요. 그런 말과 인식을 못 하게 해야 돼요. 입 밖으로 내뱉는 순간 사회적으로 매장될 만큼 지탄받아야 해요. 그래야 안 합니다. 표현의 자유가 어디까지 가능한지 알려줘야 합니다. 집에서 혼자 장애인 혐오 표현을 한다? 괜찮습니다. 비장애인들이 자기들끼리 모여 장애인 욕을 한다? 괜찮습니다. 하지만 장애인 앞에서 하면 안 돼요. 공공장소인 학교 복도에서도 안 됩니다. 혐오 표현은 혼자 이불 속에서 하는 겁니다.

그래서 저는 학생들에게 이렇게 말해요. 장애인이 실수로 목발로 치고 가면, "장애인 새끼야." 그러고 싶겠지만 '학교에서 이러면 안 돼.' 하면서 꾹 참아라. 대신 집에 가서 샤워기 세게 틀어놓고 해라. 머리 말리면서 실컷 욕하고 나면 마음이 조금 진정이 될 겁니다. 아이들이 보통 그래요. 그래서 다음 날 학교에서 그 친구 다시 만나면 아무 일 없이 장난치고 놉니다. 그게 사회생활이에요. 그렇죠? 그런데 우리는 지금 어떻습니까. 사적 장소는 물론 학교, 직장 같은 공적 장소와 인터넷 커뮤니티 등에 혐오 표현이 난무합니다. 심지어 공론의 장인 언론에서 정치인들이 등장해 혐오 표현을 서슴지 않는 경우도 많아요.

혐오는 말로 끝나지 않습니다. 반드시 범죄로 이어져요. 혐오 표현들이 쌓이다가 결국 터져 나오는 겁니다. 지금 각종 온라인 커뮤니티에서 벌어지는 혐오는 손도 못 대고 있어요. 유럽 같으면 감옥에 갈 만한 표현들이 흔하게 등장합니다. 막아야 합니다. 제도적인 처벌 그리고 교육이 필요해요. 저는 다섯 살 때부터 목발을 짚었습니다. 수십 년을 사용해왔으니 목발 사용에 능숙해요. 만약 어떤 분이 사고로 목발을 써야 한다면 제가 가르쳐드릴 수 있습니다. 목발과 휠체어는 좋은 거예요. 못 걷는 사람을 움직일 수 있게 해주잖아요. 다만 이걸 쓰는 사람과 그렇지 않은 사람이 있고 걷고 움직이는 방식이 다를 뿐이죠. 다양성의 관점에서 바라보아야 합니다. 목발 짚고 휠체어 타는 사람을 보았을 때 '쯧쯧, 안됐네. 힘들겠다.' 대신 '걷는 방식이 다른 분이네. 꽤 잘 걷는 분이네.' 할 수 있어야 해요. 그렇게 장애를 보려는 인식과 행동이 바로 다양성 훈련입니다. 제가 체육 시간에 달리기 못 하는 게 안되어 보인다면 제게 전동 휠체어를 주세요. 모터 달린 휠체어는 사람보다 더 빠르고 오래 달립니다.

함께할 방법을 생각해야 해요. 이제는 학교에서 '네가 휠체어 탔으니까, 목발 짚었으니까 체육 시간에 가만 있거라.' 이러면 벌금 냅니다. 학교체육진흥법 14조에 보면 장애인 학생

체육 활동을 지원해야 한다고 나와 있어요. 체육 교사가 장애인 학생도 함께할 수 있는 프로그램을 고민해야 해요.

이제 규칙을 바꿔야 합니다. 그 기준은 다양성이에요. 장애와 비장애라는 이분법에서 벗어나, 접근 방식을 어떻게 바꿀 것인가를 고민할 때예요. 마음속에는 여전히 장애에 대한 두려움과 경계심이 있을 거예요. 저도 중증 장애인 만나면 '내가 도와줘야 되나?' 하는 마음 먼저 듭니다. 그런 마음이 나쁘다는 뜻이 아니에요. 우리 안의 오래된 인식, 장애인은 불쌍한 사람, 도움이 필요한 사람이라는 선입견에서 벗어나자는 겁니다.

제가 강의한 지가 여러 해지만 요즘도 저만 나타나면 의자 들고 오시는 분 많아요. 앉아서 하라는 거죠. 그러면 저는 됐다고 괜찮다고 합니다. 목발 짚고 강의한 지가 20년이 넘었습니다. 서서 하는 게 편해요. 기본적으로는, 어떤 사람이 편한지 불편한지 본인이 가장 잘 알고 있지 않을까요? 그러니 도움을 주기 전에 먼저 상대의 의사를 물어보는 게 좋습니다. 저 사람이 목발을 짚고 서서 한 시간을 떠드는 모습을 보는 것 자체가 비장애인 입장에서는 불편할 수 있어요. 그 마음을 버티는 게 인권입니다.

제 초등학교 동창들은 제 목발에 신경도 안 씁니다. 오랜만에 모임을 가졌는데 장소가 엘리베이터 없는 3층이었어요. 그런데 아무도 안 내려와요. 저 혼자 계단으로 갔습니다. 외려 가게 주인이 허둥지둥합니다. 그러면 친구들이 말해요. "괜찮아요. 쟤 잘 걸어 다녀요." 그들은 저를 안타까워하지 않아요. 저는 괜찮습니다.

긍정과 존중이 이끄는 변화

인권 감수성은 함께하려는 마음과 더불어 역지사지의 마음에서 길러집니다. 그 사람이 원하는 것이 무엇인지 생각해보아야 해요. 제가 학교 다닐 때 식판 드는 게 참 힘들었어요. 두 손을 목발에 두어야 하니 혼자 식판 들기가 어렵습니다. 그래서 교장 선생님은 매일 제 식판을 들어주셨어요. 그래서 반찬은 항상 교장 선생님이 좋아하는 나물이었습니다. 급식 때 돈가스 먹는 게 소원이었는데 말이에요. 수학여행에도 저를 데리고 가셨는데, 늘 불안해하세요. '안 되겠다. 형수야, 내가 업어다 줄게.' 합니다. 지금도 그분께 고마운 마음이 있습니다만, 그때 제 속마음은 친구들과 있고 싶었어요. 친구들과 밥을 먹고 제가 좀 힘들더라도, 넘어지더라도, 심지어 기어가더라도 친구들과 같이 있고 싶었습니다. 그때 교장 선생님이 제게

왜 우리는 차별과 혐오에 지배당하는가?

한 번이라도 물어봐 주셨으면 어땠을까요.

제가 KTX를 가끔 타는데요. 목발 짚고 타니까 뒤에서 어르신들이 도와준다고 엉덩이를 밀어요. 이건 제 입장에서 고마운 도움일까요? 아니면 성적 수치심을 느낄 수도 있는 것일까요? 요즘에 학생들은 안 그럽니다. 절대 제 몸에 손대지 않아요. "선생님, 어딜 잡아드릴까요? 어떻게 도와드려요? 우리 반에 선생님 같은 뇌성 마비 뇌 병변 장애인 많거든요. 제 도움 비싸요. 얼른 도움 받아서 빨리 좀 갑시다." 이럽니다. 어느 쪽이 더 저를 존중한다고 느껴졌을까요?.

아이들은 차이를 잘 받아들입니다. 제가 초등학교 5학년 때까지 받아쓰기를 빵점 받았어요. 아예 제자리에 앉아 있지를 못했습니다. 호기심이 어찌나 많았던지 자꾸 교실 밖으로 나갑니다. 그러면 반 친구들이 저를 붙잡아 와요. 자꾸 제가 이러니까, 어떤 날은 한 친구가 제 손을 꽉 잡더니 이럽니다. "앉아. 죽을래? 나도 힘들어." 그때 깨달았죠. '학교에서는 종 치면 앉는 거구나.' 그걸 배우는 데 꼬박 5년 걸렸어요. 제가 받아쓰기가 빵점이잖아요. 애들이 쪽팔리다면서 힘들게 학교까지 왔는데 한글도 못 쓰면 안 되니까 가르쳐주기로 합니다. 그래서 애들이 방학 때 제게 편지를 씁니다. "너는 답장만 해. 아는 글자 한 글자만 써서." 당연히 할 수 있다고 큰소리를 쳤어요. 그런데 그때는 한 반에 아이들이 70명이 넘었어요. 이 친구들이 일주일에 두 통씩 편지를 씁니다. 그거 답장하는데 정말 죽을 것 같았어요. 하지만 저는 더 이상 받아쓰기에서 빵점을 받지는 않았습니다.

1학년 담임 선생님도 제게 글과 숫자를 가르치려고 애를 많이 썼습니다. 그런데 잘 안됐어요. 저도 힘들었습니다. 다른 선생님은 다들 나를 불쌍하게 여기고 친절하게 대하는데 이 선생님만 유독 까탈스러워요. 제가 마녀라고 부를 정도였습니다. 그 선생님이 지켜보는 자리에서 집에도 못 가고 나머지 공부를 했습니다.

중학교 때는 국어 선생님이 담임이었습니다. 글을 한번 써보라고 해서 썼어요. 옆에 있는 짝지에게 보여주라고 해서 그렇게 했더니 이 친구가 한마디 해요. "장애인 주제에 글짓기를 잘한다. 재미있네." 앞에 말은 기분 나빴지만 뒷말은 칭찬이었죠. 그래서 저는 선택했습니다, 뒷말을 그대로 믿기로. '내가 문학에 소질이 있구나. 글을 잘 쓰는구나.' 그러고 6년 뒤에 대학교 국문과에 들어갑니다.

혐오는 어디에나 퍼져 있습니다. 저 같은 장애인뿐만 아니라 대부분이 혐오와 차별에 노출되어 있습니다. 다만 나를 괴롭히던 사람보다 사랑하고 존중해주는 사람이 있기에 버티는 거죠. 제가 중학교에 가니까 애들이 놀리는 게 심해졌어요. 학교에 가지 말까 고민하다가 문득 생각이 들어요. 안 놀리는 애도 있는데, 잘해주는 애가 있는데 왜 그 친구는 기억 못 하지?

차별하고 놀렸던 친구는 기억에서 싹 잊어버리면 되겠다 싶더라고요. 나를 인정하고, 존중해주는 친구에게 잘하는 것도 힘들어요. 원래 혐오와 차별을 이겨내려면 존중이 필요합니다. 혐오와 차별이 1이라면 긍정과 존중이 100은 되어야 해요. 뭔가를 금지하는 것도 중요하지만 좋은 에너지로 채우는 것도 중요합니다. 쉽지는 않습니다. 보통 강의가 끝나면 꼭 이렇게 말씀하시는 분이 계세요. "그런데 형수 씨, 참 밝으시네요." 저 원래 밝아요. 서로에게 익숙해지는 과정이 필요합니다.

제가 학교에 강연을 하러 가면 다들 불편해해요. 여기저기서 "선생님, 어떻게 도와드릴까요?" 이럽니다. 그러다 6교시쯤 되면 애들이 신경도 안 씁니다. "야, 저 선생님 괜찮다. 돌아다니는 쌤이다. 목발도 비싼 거라더라." 이럽니다. 초등학교 저학년들은 좀 달라요. 장애가 결코 불쌍한 게 아니고, 멋있게 잘 살아가는 게 중요하고, 이런 얘기를 한참 하고도 아이들은 울면서 제게 다시 묻기도 합니다. "선생님, 다리는 언제 나아요?" 하면서요. 장애 인권은 조기 교육이 중요합니다. 일찌감치 장애를 공포나 두려움의 대상으로 인식하기 시작하면

갈수록 풀기가 어려워져요. 그래서 초등학교 저학년 아이들에게 강연을 할 때는 '장애'보다는 '다양성'으로 접근합니다. 실제로 현실은 우리 인식보다 빠르게 변하고 있습니다.

고등학교 때 제가 국문과를 지망했잖아요. 그런데 손이 자유롭지가 않으니 걱정이 되는 거예요. "선생님, 국문과 가면 글을 많이 써야 되지 않을까요?" 했더니 "앞으로는 컴퓨터로 쓸 건데 뭐가 걱정이야." 합니다. 그때는 안 믿었어요. 글을 펜으로 쓰지 않는다고? 그런데 대학에 가니까 진짜 다들 키보드를 두드리더라고요. 기술 발전은 장애의 영역을 계속해서 줄여나갑니다. 그러니 만약 어떤 중증 지체 장애인이 운전을 하고 싶다고 했을 때 상처 될까 봐 피하지 마시고 한마디 해주세요. "일단 자동차 회사 사장한테 편지를 보내자. 그쪽에서 눈동자로 조종하는 자동차를 개발했대. 완전 자율 주행차야. 그런데 억대 금액이야. 돈부터 모으자."

장애가 주는 두려움에 지배당하는 대신 좀 더 객관적으로 접근하면 모두에게 도움이 되리라 생각합니다.

장애, 극복과 공존 사이

마지막으로 제가 강조하고 싶은 건 장애는 결코 개인의 문제가 아니라는 점입니다. 당사자의 책임이 아니에요. 그럼에도 우리나라 교육계는 장애인을 비장애인과 격리하려고 해요. 분리 교육을 당연시합니다. 한국은 도대체 왜 그럴까요. 국제 사회가 이해를 못 합니다.

'장애 극복'이라는 말은 이제 그만 써야 합니다. 장애는 극복해야 할 대상이 아니에요. 그게 차별이에요. 장애는 익숙해지는 겁니다. 쉽지 않습니다. 본인도 여기에 익숙해지려면 많은 연습이 필요해요. 그래서 특수교사, 사회 복지사 그리고 여러 치료사 같은 전문가의 도움을 받습니다. 이분들이 하는 일은 그래서 '착한 일'이 아니라 '필요한 일'입니다. 기본적으로 장애인 지원을 시혜나 궂은일로 생각해서는 안 돼요. 그러면 쉽게 혐오로 변질됩니다. 다들 사는 게 힘들고 어렵잖아요. 괜히 장애인만 특혜받는 것 같으니 화가 나겠죠. 이런 마음이 쌓이면 혐오가 되고 차별로 이어집니다.

여러분, 『피터 팬』 이야기에 나오는 후크 선장을 아시나요. 이 사람이 장애인입니다. 손도 하나 없고, 눈과 다리도 한 짝뿐인 중증 장애인이에요. 이 사람 보면 도와주고 싶나요? 불쌍해 보여요? 아니죠. 우리는 그를 장애인 후크가 아니라 후크 선장으로 부릅니다. 심지어 이 이야기에서 강한 악역을 맡고 있어요. 언어는 우리의 생각을 바꿉니다. '선장'이라고 부르는 순간 어떤 믿음이 생겨요. 능력이 있으니 선장이 됐겠지.
안 그랬다면 선원들이 따랐겠어?

사실 그를 장애인이 아닌 선장으로 만든 건 그를 도운 선원
들이었을지도 모릅니다. 배를 이끌려면 항해사도 필요하고,
밥 짓는 사람도 필요합니다. 이들의 협력이 없었다면 후크는
결코 선장이 되지 못했을 거예요. 장애인이 우리 사회의 일원
으로 당당히 살아가려면 주위에 수많은 지원과 참모가 있어
야 합니다.

다양성 사회가 되려면 비장애인이 장애를 이해해야 합니
다. 더 중요한 건 장애인도 비장애인에 대하여 배우고 이해해
야 합니다. 그게 통합교육이에요. 장애가 그렇듯 혐오도 개인
의 잘못이 아닙니다. 친절하던 친구도 중고등학교에 올라가
면서 장애인에게 혐악하게 굽니다. 공부에 치여서 본인도 힘
든 거예요. 무조건 장애인을 괴롭히면 안 된다고 말해야 소용
없어요. 그런 혐오적 행동에는 단호하시되, 그 동기가 되는 마
음은 받아주는 거예요. 비장애 아이들에게 '지금은 서로가 힘
들 때야. 장애인이 잘못한 일이 아니잖아. 네 문제를 풀어갈
방법을 고민해보자'라고 말해줄 수 있어야 합니다.

초등학교 돌봄교실 같은 데 가면 아이들이 돌봄 교실 선생
님에게 꼭 물어봐요. "선생님, 선생님, 이 아저씨 다리가 왜 이

래요?" 그러면 옛날에는 이렇게 대답하는 분들이 많았어요. "그런 거 물어보는 거 아니야. 실례야." 그러면 아이들이나 저나 머쓱해집니다. 그 순간 '장애'는 부끄러운 것, 숨겨야 하는 것이 되어요. 대신 이렇게 대답해주시면 좋습니다. "그건 다른 사람 몸에 관한 개인 정보야. 선생님이 장애에 대해서 함부로 얘기할 수 없어. 정 궁금하면 직접 물어봐." 저에게 결정권이 있다는 걸 알려주셔야 합니다. 그래야 어린아이들이 궁금하다고 해도 당사자의 허락을 받아야 한다는 걸 배우죠. 다양성 사회는 각자의 인권을 존중하고 지원하는 사회입니다. 장애 인권도 그런 측면에서 접근해야 합니다.

장애인과 함께하는 법

청중: 제 주위에 경계성 지적 장애인 학생이 있습니다. 처음에 개념을 잘 몰라서 힘들었는데 알고 보니 장애 등록도 되지 않고, 혜택도 받지 못하는 사각지대에 놓여 있더군요. 문제는 또래와의 관계에 매우 힘들어한다는 점입니다. 눈에 띄는 장애가 없는 데다가 방어 능력이 부족하다 보니 놀림의 대상이 되는데 어떤 대처가 가능할까요.

김형수: 장애인을 놀리는 아이들에게 "놀리지 마라"고 말하

는 순간 아이들은 더 놀리고 싶어 합니다. 지적 장애 아이를 놀리는 아이들에게 "아이큐가 낮아도 괜찮다"고 말하는 순간 아이들은 "그렇죠? 바보네." 하고 받아들입니다. 저도 그런 경우를 많이 겪었어요. 조카가 명절 때마다 "삼촌은 왜 기어다녀? 왜 못 걸어?" 하고 묻습니다. 처음에는 이런저런 설명을 해요. 그러다 이제는 한마디로 정리합니다. "원래 그래."

다양성이란 그런 것입니다. 차이를 존중하고 함께 살아가자는 거예요.

"지능이 천천히 발달하는 애들도 있어. 시간이 오래 걸려. 그래도 함께 공부해보라고 학교가 있는 거야." 이렇게 정리하면 편한데, 그러기까지 시간이 걸리죠.

청중: 그러면 어떤 사건이 발생했을 때 잘잘못을 가리기보다 '너희와 다르게 천천히 갈 수밖에 없는 사람이다.' 하고 먼저 밝히는 게 좋을까요?

김형수: 일단은 당사자가 당당하게 얘기하는 게 제일 좋고요. 본인이 신뢰하는 어른의 도움을 받는 것도 괜찮습니다. 그러면서 스스로 이겨낼 수 있도록 내성을 기르는 거예요. 차별과 혐오로 상처받지 않도록 스스로 마음을 단단히 하는 겁니다. 주위에 자기를 지지하는 사람들이 많다는 걸 알면 더 잘

왜 우리는 차별과 혐오에 지배당하는가?

해낼 수 있습니다. 그런 에너지와 지지 세력들을 만들어주어야 해요.

보통 경계선에 있는 장애인들은 드러내고 싶어 하지 않습니다. '장애'로 낙인찍히는 걸 무척 두려워해요. 비장애인 세계로 편입되는 게 최선이라고 생각합니다. 고학년으로 올라갈수록 그런 생각을 해요. 이때 어른들이 설득할 수 있습니다. 무엇이 앞으로의 삶에 더 가치 있는 일인지 함께 고민하고 스스로 결정할 수 있도록 도움을 주는 거예요.

제가 알기로 고등학교 3학년 마지막 모의고사 끝나고 장애 등록하는 학생도 있었습니다. 끝까지 장애를 인정하지 않다가 군대 영장이 나와서 하는 경우도 있었어요. 지능이 아주 뛰어난 아스퍼거 증후군 학생이었습니다. 학교 폭력 사건에 휘말렸다가 징계 문제로 장애 등록을 하기도 했습니다. 장애를 받아들이고 특수교육 대상자가 되는 게 앞으로 받을 차별보다 인생에 도움이 될 거라고 꾸준히 말해주는 수밖에 없습니다. 대부분 받아들이기 힘들어합니다. 그럴수록 자기편이라고 생각하는 어른이 많아야 해요. 본인 입장에서도 결국엔 방법을 찾아야 하니까요.

청중: 교실 상황에서 장애인 학생들의 문제 행동 때문에 진

행이 힘들어질 때가 있는데요. 어떻게 하는 게 좋을까요?

김형수: 그런 행동을 없애야 한다는 쪽으로 방향을 잡으면 서로 힘들어집니다. 통합교육의 목적을 먼저 생각하셔야 해요. 아이들이 스트레스 안 받게 수업을 진행하려면 어떻게 해야 할까가 먼저입니다. '이런 행동을 없애야 돼, 나쁜 행동이야, 고쳐야 돼.' 하는 관점에서 벗어나야 합니다.

저도 아이들로부터 비슷한 문제 제기를 받은 적이 있습니다. 그러면 함께 대안을 찾는 활동을 해요. '자폐성 장애를 건강하게 이해하고 받아들일 방법 찾기'를 주제로 숙제를 냅니다. 어떻게 하면 함께 재미있고 건강하게 공부할 수 있을까. 그러면 꼭 좋은 아이디어를 내는 학생이 있어요. 이 학생 말이, 자기가 일주일간 제주도를 다녀왔는데 비행기에서 어떤 갓난아기가 빽빽 울더래요. 그런데 아무도 비행기에서 내리라고 안 했대. 오히려 함께 나서서 달래주고 그랬대요. 그러면서 자폐성 장애인이 소리 지르는 것도 비슷한 경우가 아닐까 고민했대요.

근데 하루는 유통 기한 지난 우유를 먹고 설사를 계속했대요. 엄마한테 야단맞을 줄 알고 전전긍긍하고 있는데 외려 엄마가 "유통 기한 지난 우유를 내가 미리 안 뺐네. 잘못했다." 하더래요. 그래서 또 자폐성 장애인 친구가 생각나더랍니다.

'이 친구가 수업 시간에 소리 지르고 돌아다니는 건 내가 유통 기한 지난 우유를 먹고 설사한 거와 같아.' 장애인 당사자 본인이 어떻게 할 수 없는 일이라는 걸 깨달은 거예요. 제가 말씀드렸듯이 장애는 극복할 수 없는 거잖아요. 그러고 나니 장애인 친구가 소리 지르고 돌아다녀도 좀 버틸 만하더랍니다. '쟤도 참 힘들겠구나.' 싶더래요.

또 어떤 학생은 자폐성 장애인에게는 계속 말을 해줘야 한다고 적어옵니다. 한 번 말해서는 소용없고 100번은 말해야 그 행동을 안 한대요. 시끄러워요, 앉아요, 조용히 해주세요, 6개월을 이렇게 반복했더니 다음부터는 이 장애인 친구가 자기 말만 듣더래요.

문제 행동만 보고 막연한 두려움에 장애인 학생을 격리했을 때는 나오지 않을 방법들입니다. 우리가 문제 행동에 집중하면 그런 행동을 하는 아이를 눈에 보이지 않는 곳으로 보내는 게 좋은 방법처럼 느껴집니다. 특수학교에 가면 더 좋지 않을까, 신경정신과 약을 먹으면 더 좋아지지 않을까?

그런데 생각을 바꾸면 어떨까요. '수업 시간에 떠드는 시끄러운 자폐성 장애인이랑 한 반이 됐네. 장애는 어쩔 수 없는 거니까, 우리가 적응해봐야지. 이유를 알아봐야지. 저런 행동이 무얼 의미하는지 공부해봐야지.' 이렇게 생각하는 겁니다.

물론 그렇다고 해서 모든 문제가 해결되지는 않습니다. 그래도 좋은 대안을 만들어낼 수 있어요.

사례를 또 하나 소개해드리죠. 문제 행동이 심한 학생과 한 반에서 수업을 하는데 비장애 아이들이 너무 힘들어해요. 그래서 저희가 방법을 찾기로 했습니다. 결론이 어떻게 났느냐면, "장애인 학생을 특수학급에 보내지 말고 우리가 교장실로 가자"였어요. 참고로 교장실은 학교에서 제일 좋은 공간입니다. 시원하고 조용하죠. 가니까 교장 선생님이 고생한다며 간식도 올려 보냅니다. 거기서 한 10분 동안 있으니까 반에 가서 자폐인 친구가 1시간 떠들어도 버틸 만했대요. 그래서 힘들 때마다 교장실 가서 한 10분 쉬고, 간식도 먹고, 소파에 누워서 잠도 좀 자다가 돌아갑니다. 아이들은 '장애인 친구 덕분에 교장실도 와보는구나.' 하면서 점점 그 상황이 예전만큼 힘들지 않대요. 그 장애인 친구도 점점 적응하면서 문제 행동이 줄어들었다고 합니다.

장애인 인권에 충실하려면 더 많은 사람이 머리를 맞대야 합니다. 교실 상황이라면 선생님, 비장애인 학생은 물론 전문가들이 여기에 동참할 수 있겠죠. 그러다 보면 여럿이 함께 대안을 찾는 것이 장애인 한 사람을 격리하는 것보다 모두에게 도움이 된다는 사실도 알게 됩니다.

5

혐오란 무엇인가?

손희정

● 손희정

경희대학교 비교문화연구소 학술연구교수, 미디어연구X영상문화기획 집단 프로젝트38 멤버. 중앙대학교 첨단영상대학원에서 영화이론을 전공했다. 쓴 책으로 『손상된 행성에서 더 나은 파국을 상상하기』, 『당신이 그린 우주를 보았다』, 『다시, 쓰는, 세계』, 『페미니즘 리부트』 등과 공저 『제로의 책』, 『도래할 유토피아들』, 『원본 없는 판타지』 등이 있다. 『스티프트』, 『다크룸』, 『여성괴물, 억압과 위반 사이』, 『호러 영화』 등을 우리말로 옮겼고, 『백래시』에 해제를 썼다.

5 | 혐오란 무엇인가?

안녕하세요, 손희정입니다. 오늘 여성 혐오를 중심으로 '혐오'가 무엇인지 이야기를 해볼 예정인데요. 지난 10년 동안 한국 사회에서 혐오를 둘러싼 논쟁이 치열하게 있어왔습니다. 그동안 이를 연구하면서 느낀 점은 혐오라는 말 자체가 한국 사회에서 서로 다른 의미로 쓰인다는 점이었습니다. 내가 말하는 혐오와 당신이 말하는 혐오가 다른 거죠. 그러다 보니 토론이 불가능합니다. 한쪽에서 '당신, 이거 여성 혐오인 것 같습니다'라고 이야기했을 때 '저는 여성을 혐오하지 않습니다'라고 하면 이후로 논의가 진행이 안 됩니다. 각자 다른 얘기를 하기 때문이죠. 서로 생각하는 '혐오'라는 개념 자체가 달라서 그래요. 그래서 저는 우리 사회가 조금이라도 변화하기 위해선 우리가 언어의 공통된 의미를 만들어가기 위해 노력해야 할 필요가 있다고 생각합니다.

한국 사회의 혐오 담론

오늘 함께 나눌 이야기도 여기에 초점을 두고 있습니다. '혐오를 어떤 의미로 사용할 것인가?' 이야기를 하다 보면 이미 잘 알고 있다고 생각하시는 분도 있을 테고, 이때까지 내가 사용하던 의미와는 다르다고 느끼는 분도 있을 거예요.

지난 10여 년간, 혐오는 한국 사회를 뜨겁게 달구었던 이슈 중 하나였습니다. 〈교수신문〉은 연말연시가 되면 해마다 '올해의 사자성어'를 발표합니다. 전국의 대학교수를 상대로 설문 조사를 해서 뽑는데요. 2023년은 '견리망의見利忘義'였습니다. '이익 앞에서 의로움을 잊는다'는 말입니다. 참 잘 뽑았어요. 지금 정치권뿐만이 아니라 우리 일상도 견리망리가 촘촘하게 지배하고 있다는 생각이 듭니다.

제가 막 문화 평론가로 활동하기 시작하던 해인 2015년은 어땠을까요? 당시 유행하던 말 중 하나가 '헬조선'이었습니다. '헬대한민국'도 아니고, 헬조선입니다. 아직 근대 국가조차 안 됐다는 이야기거든요. 어떻게 보면 상당히 자기혐오적인 표현입니다. 이 키워드는 당시 청년 세대가 만든 것이었어요. 좀 더 파고들어 보면, 그전에 '3포 세대'니 'N포 세대'니 하는 말들이 있었고 그에 앞서 '88만 원 세대'라는 말이 유행했습니다. 그런데 기득권들이 자신의 자원을 다음 세대에게 분배하지 않는다는 문제의식을 담은 이런 말들이 우파 언론에 의해 전유되면서 의미가 왜곡되고, 청년 세대의 야망 없음 혹은 자포자기적 태도를 비판하는 말이 되어버립니다. 요즘 청년들은 이것도 안 하고, 저것도 안 하고, 꿈도 없고, 희망도 없다는 식으로 힐난하는 의미를 띠게 된 거죠.

'헬조선'은 여기에 대항하는 의미가 있었어요. 청년 세대 당사자들이 지금의 한국 사회를 비판적으로 인식하면서 만들어 낸 담론인 셈이죠. '수저론'과 '리셋'에 그런 의미가 담겨 있었습니다. '수저론'은 한국 사회의 신新신분제에 대한 비판이었고, 이렇게 신분제가 뿌리 깊은 상황에서 시스템을 바꿀 방법이 잘 보이지 않으니까 '죽창을 들어 리셋하자'는 농담이 나오게 된 것이죠. 그런데 이 헬조선 담론의 주체로 가정되는 '청년'은 사회적으로 남성으로 상상되었습니다. 뒤이어 2016년에 그해의 첫 키워드로 등장한 말이 바로 '여성 혐오'였습니다. 청년의 한 축인 여성들이 '이렇게는 못 살겠다'며 찾아내게 된 단어인 거죠. 즉 2015~2016년 즈음에 굉장히 정치적이고 경제적인 맥락 안에서 '여성 혐오'라는 말이 공유되기 시작합니다. 그렇게 시작된 '혐오' 담론은 그 대상이 여성을 넘어서 다양한 소수자에 넓혀가는 과정을 겪습니다. 그러면서 각자 다르게 해석되는 부분들이 생긴 거예요. 그리고 '혐오'라는 말 자체가 새롭게 생긴 단어가 아니거든요. 이전부터 사용되던 말이기에 문제가 좀 더 복잡해진 측면이 있어요.

'혐오'라는 단어가 '여성'과 만나 사회적인 시사 용어로서 쓰이기 이전에 이미 우리 안의 감정을 지칭하는 말로 사용되고 있었습니다. 감정으로서의 혐오는 우리가 공론장에서 사용하는 뜻과는 약간 차이가 있습니다. 가치 중립적이잖아요. 기본적으로 슬픔, 좌절, 행복이라는 말과 크게 다르지 않아요. 그래서 우리가 혐오라는 말에 담긴 맥락을 이해하려면 감정으로서의 혐오부터 짚고 가야 할 필요가 있어요.

감정으로서의 혐오를 가장 잘 설명하는 예를 대중문화 속에서 찾을 수 있습니다. 혹시 여러분, 〈인사이드 아웃〉이라는 애니메이션을 아시나요? 디즈니·픽사의 2015년 작품이죠. 여기에 보면 인간의 감정들이 하나의 캐릭터로 등장합니다.

주인공인 10대 소녀 라일리 안에 다섯 가지 기본 감정이 있는데, 바로 기쁨이Joy, 슬픔이Sadness, 버럭이Anger, 소심이Fear, 그리고 까칠이Disgust입니다. 이 중 '까칠이'로 번역된 'disgust'가 바로 감정으로서의 혐오를 뜻해요. 이러한 감정은 인간의 내면에 공존해요. 사람이 딱 하나의 감정만 갖고 있을 경우는 없어요.

"나는 굉장히 좋은 사람이야"라고 생각할 때도 한편에서는 나머지 감정들이 열심히 활동을 하고 있는 거죠. 혐오는 우리 마음속에 있는 기본 감정입니다. 이들 감정은 우리 삶에 무척 중요한 역할을 합니다. 혐오도 마찬가지예요. "혐오에는 죄가 없다"는 말의 맥락도 이렇게 이해할 수 있습니다. 그렇다면 우리가 일상에서 이러한 혐오의 감정을 느낄 때가 언제일까요?

예컨대 우리는 바퀴벌레를 보면 혐오를 느낍니다. 바퀴벌레를 보고 혐오감을 느꼈다면 이때의 혐오는 우리를 비위생적인 상태, 건강을 해칠 수 있는 오염된 상태로부터 나 자신을 지켜줍니다. 우리가 바퀴벌레를 보고도 아무렇지도 않다면, 혹은 행복감을 느낀다면, 바퀴벌레가 가득한 환경에서 별무리 없이 생활할 수 있겠죠. 혹은 토사물이나 배설물에 대해서 생각해볼까요? 토사물이나 배설물에 대한 혐오감은 우리가 그걸 아무렇지도 않게 만진다거나 입에 넣어본다거나 하지 않도록 해줍니다. 그런 의미에서 혐오 그 자체는 나쁜 것이 아닙니다. 우리를 지켜주는 감정이니까요.

하지만 동시에 혐오는 본능적인 것만은 아닙니다. 사회화가 되지 않은 어린아이들이 바퀴벌레를 귀여워한다거나 배설물을 아무렇지도 않게 만지는 모습을 보신 적이 있을 거예요. 하지만 "지지!", "그거 만지는 거 아니야!" 이런 훈육을 받으면서 점점 혐오스러운 것들로부터 멀어지게 되죠. 그렇게 혐오라는 감정도 점점 더 단단해집니다. 그래서 흥미롭게도, 혐오는 기본적으로 나를 지키기 위한 감정이지만, 이것은 한편으로는 사회적인 학습에 의해 강화됩니다.

감정으로서의 혐오는 죄가 없다

혐오는 인간이 진화의 오랜 과정을 거치면서 자연에 적응하기 위해 습득된 감정 중의 하나입니다. 그러니까 다분히 본능적이고 자연스러운 측면이 있지만, 혐오의 대상은 문화권마다 달라요. 사회적 성격을 띠고 있는 거죠. 그렇게 건강한 나의 경계를 지키기 위한 감정으로서의 혐오는 사회적으로 만들어지는 정체성을 지키기 위해 작동하는 감정이기도 합니다. 그래서 혐오는 나의 정체성의 경계를 혼란스럽게 만들거

왜 우리는 차별과 혐오에 지배당하는가?

나 침범하는 이질적인 존재들, 이질성을 배척합니다. 그리고 이는 사회적으로도 확장되는데요. 그래서 한 사회가 스스로 규정하는 '정상적인 정체성'과 이질적인 혹은 다른 정체성을 가진 이들을 배제하려는 사회적 감정으로 작동하기도 하죠. 이때 무엇이 '정상적인 정체성'이고 무엇이 '이질적인 정체성' 이냐의 기준은 사회마다 다르고 매우 자의적일 뿐만 아니라 기득권 중심적이기도 하죠. 비합리적으로 소수자들을 배제하는 일이 생기기도 한다는 겁니다.

예를 들어서 한국 사회가 시스젠더cisgender 중심적, 이성애 중심적, 남성 중심적, 비장애인 중심적이라고 했을 때, 여기에는 소수자에 대한 배제 장치로 혐오가 작동합니다. 시스젠더 라는 말이 낯설 수 있겠는데요, 잠시 설명을 드리자면, 의학적으로 규정되는 성sex과 자신의 성별 정체성이 일치하는 사람을 의미하는 말이에요. 두 성이 일치하지 않는 트랜스젠더 transgender에 상응하는 개념으로 쓰입니다. 예컨대 2023년도에 유튜버 풍자 씨가 MBC 방송연예대상에서 여자 신인상을 받았어요. 그러자 온라인상에서 왜 남자가 여자에게 주는 상을 받느냐고 한창 말들이 많았습니다. 이분이 트랜스젠더거든요. 여기에 등장한 혐오를 보면 심리적인 성의 불일치를 인정하지 않는 시스젠더적인 사고가 발동했다는 걸 알 수 있습니다.

이런 논리는 동성애자가 건강한 사회를 망친다며 배척하자는 논리와 일맥상통합니다. 한 사회의 이성애 중심적인 정체성을 해친다는 거예요. 예멘 난민 입국을 반대했던 개신교 신자들의 논리도 같은 맥락에서 생각해 볼 수 있겠죠. "하나님의 나라에 이교도들이 들어올 수 없다"는 말을 보면 한국은 정교일치 국가가 아님에도 불구하고 "한국의 기독교도로서의 정체성"을 가정하고 있다는 사실을 확인할 수 있습니다.

또 하나의 예로, 한국은 굉장히 자본가 중심적인 사회죠? 재벌을 너무 좋아해요. 당연히 재벌을 비판하는 노동자, 노동조합은 혐오합니다. 그래서 분쟁이 생겼을 때 문제를 해결하는 대신 노동자를 혐오의 대상으로 만들어서 갈라지게 하는 정치적 수사가 굉장히 잘 먹히죠. 반노동, 즉 노동에 대한 혐오가 만연했기 때문입니다. 2000년대 말에 경찰서에서 범죄 수배자 명단을 뿌렸는데, 사진 설명을 '키 172에 노동자풍'으로 했다가 크게 문제가 된 적이 있었죠. 노동자를 특정 이미지에 고정시키면서 은연중에 나쁜 사람, 범죄자, 흉악범과 동일 선상에 놓은 거예요. 이런 사고들이 작동할 때 우리는 다음과 같은 질문을 던져야 합니다. 우리가 말하는 정상 사회란 무엇인가? 즉 우리 사회의 정체성은 무엇이며 누가 결정하는가?

왜 우리는 차별과 혐오에 지배당하는가?

감정으로서의 혐오에는 죄가 없습니다. 그냥 우리 안에 있는 어떤 것이에요. 하지만 이것이 사회적 현상으로서 확장되었을 때는 이야기가 달라집니다. 한 사회가 임의로 자기 정체성을 상정하고 이에 일치하지 않는다고 판단되는 사람들을 배제하려고 들 때, 여기서 작동하는 혐오는 사회적 폭력으로 이어집니다. 오늘 여러분과 함께 이야기 나눌 혐오가 바로 그렇습니다. 이 부분을 명확히 해야 대화가 성립할 수 있어요.

혐오에 관해 이야기하자고 했을 때 '혐오'를 단순히 '싫어하는 감정'으로 이해한다면 '여성 혐오'를 주제로 대화를 나눌 수가 없어요. "여성 혐오? 내가? 내가 여자를 얼마나 좋아하는데?" 하는 반응이 나오기 때문입니다.

제가 말씀드리고자 하는 혐오는 사회적 현상입니다. "**소수자를 낙인찍어 비인간화하고 차별과 폭력을 조장하는 태도와 그에 기반한 실천**"을 뜻해요. 앞으로 이러한 정의에 따라 이 말을 쓰겠다는 말씀을 드립니다. 여기서 '비인간화'란 말 그대로 사람 취급을 안 하는 겁니다. 과거 제1차 세계 대전 이후 독일에서는 나치즘이 등장하게 됩니다. 나치즘이 우생학에 기댄 인종주의를 바탕으로 유대인을 학살할 때 내세운 구호가 '유대인 박멸'이었습니다. '박멸'은 언제 쓰는 말인가요? 해충을 모조리 없애자는 뜻으로 보통 사용합니다. 즉 유대인은 사람이 아닌 거예요.

우리나라에서는 장애인 단체가 지하철역에서 시위를 벌일 때도 이런 혐오가 등장합니다. "불편하면 집에 있던가. 왜 부득부득 기어 나와서 문제를 일으켜." 장애인을 집에서 갇혀 지내야 하는 존재로 생각하고 있는 겁니다. 장애인은 당연하게도 한 사람의 시민입니다. 교육도 받아야 하고 경제 활동도 해야 해요. 그런데 이런 일체의 활동 없이 그냥 집에 있으라는 건 말이 안 되죠. 이동권이 보장되지 않으면 사회적 서비스에 접근 못 합니다. 공공재에 접근할 권리는 누구나 누려야 할 기본권이잖아요. 이런 것들을 부정하는 '기어 나온다' 같은 표현이 어떤 이미지를 만들어내는지 잘 생각해보세요. 이는 사람에게는 쓸 수 없는 말입니다.

이러한 혐오 표현은 특히 온라인상에 무척 많이 등장합니다. '설명충'은 한때 저 같은 사람을 일컫는 말이었습니다. 뭐든지 설명하려 든다, 농담인데 죽자고 달려든다, 이런 부연 설명이 붙었죠. 비슷한 말로 진지충, 선비충이라는 말도 있었습니다. '충蟲'은 벌레입니다. 그 자체로 비인간화를 뜻해요. 한국에서는 누군가를 비인간화해서 혐오의 대상으로 만들려고 할 때 '-충'을 붙입니다. 이처럼 비인간화, 동등한 인간으로 취급하지 않는 것이 혐오의 핵심입니다.

왜 우리는 차별과 혐오에 지배당하는가?

수면으로 떠오른 혐오 문제 – 일베의 출현

우리나라에서 혐오라는 말이 널리 쓰이기 시작한 게 언제일까요? 제가 관련 논문을 쓰면서 본 신문 기사인데요. '[빅데이터로 세상 읽기] 한국 사회에서의 혐오'^{한국일보 2016년 5월 22일자}라는 제목의 이 칼럼에 의하면 2011년 이전까지는 사람에게 혐오라는 말을 붙이지 않았대요. 2006년부터 2011년까지 신문 기사를 살펴본 결과 혐오 시설, 혐오 물질처럼 대상화된 사물에 붙는 말이었습니다. 그러다가 2011년 이후로 사람과 연결됩니다. 그전에는 사람을 혐오의 대상으로 놓는다는 개념 자체가 없었던 듯합니다. 그렇다고 해서 굉장히 평화로웠느냐, 차별 없고 혐오 없는 사회였느냐 하면 물론 그렇지 않습니다. 실제로 혐오와 차별의 대상이던 사람들이 좀 더 적극적으로 목소리를 내면서 그런 차별적인 상황을 설명할 수 있는 표현으로 '혐오'를 사용하게 된 부분이 있죠. 그렇다면 2011년을 전후로 우리나라에 무슨 일이 벌어진 걸까요?

당시 흥미로운 사건들이 몇 가지 있는데요. 바로 '일베'의 등장입니다. 일베는 '일간 베스트'의 준말로 디시인사이드에서 파생된 커뮤니티입니다. 잘 아시겠지만 디시인사이드는 지금도 우리나라 최대 커뮤니티예요. 원래는 디지털카메라

유저들이 정보를 교환하는 커뮤니티로 시작했습니다. 그래서 게시판 이름도 갤러리예요. 사진 찍어서 올리고 구경하고 이야기 나누었는데, 그러다가 취미나 문화 관련 게시판이 생기고 유저들이 늘어나기 시작했어요. 그중에는 '일간 베스트'라는 게시판이 있었습니다.

하루 동안 제일 인기가 있었던 글, 주목받은 게시물을 모아놓은 게시판이었습니다. 인기가 생기면서 2011년 무렵 아예 일베닷컴으로 분리 독립해요. 여기에 각종 혐오 게시물들이 올라왔고, 사회적으로 주목을 끌기 시작했죠. 광주 민주화 운동에 북한 공작원이 개입했다는 등의 조작 게시물들이 올라오는 등 도가 지나친 정치적 선동으로 물의를 일으킵니다. 당시는 국정원이 직접 댓글 조작에 참여할 만큼 온라인 공작이 심각했던 이명박 정권 시절이었습니다.

또 하나는 2011년 1월 5일 차별금지법 제정연대의 발족입니다. 이 단체를 중심으로 2007년 누더기로 처리된 차별금지법을 개정하자는 움직임이 일어나요. 당시 성적 지향, 언어, 출신 국가, 학력 등 7개 조건이 삭제된 채 처리되었기 때문입니다. 차별금지법은 노무현 대통령의 공약이기도 했습니다. 시민 사회가 지지했고 실제로 국회에서 발의가 되었습니다. 그런데 여기에 반대하는 세력들이 있었어요. 대기업이 그중

왜 우리는 차별과 혐오에 지배당하는가?

하나였습니다. 학력 차별을 없애면 우수 인력을 확보할 수 없다는 논리였습니다. 다만 크게 호응을 얻지는 못했습니다. 그러다가 개신교 우파가 성적 지향 등을 문제 삼으면서 조직적으로 반대하기 시작했죠. 이때부터 동성애자 혐오 발언이 크게 늘어납니다. 이러한 상황은 지금도 마찬가지입니다. 현재 진행 중이에요.

2009년에는 한국 인종 차별의 역사에서 굉장히 중요한 사건이 발생합니다. 당시 성공회대학교 교수로 있던 보노짓 후세인이라는 인도인이 동료와 버스를 타고 가는데 한국 남자가 시비를 겁니다. 성적, 인종적 혐오를 당해요. 결국 이 사건은 법정으로 가고 모욕죄 유죄 판결을 끌어내게 되지요. 이 사건이 중요한 이유는 한국 사회에서 최초로 혐오 발언을 유죄로 인식하는 계기가 되었다는 점입니다. 그전까지만 해도 인종 혐오는 마치 없는 일로 취급당했습니다. 외국인 노동자들이 그런 일을 많이 당했음에도 가시화되지 않았습니다. 이후 인종 차별에 관한 인식이 많이 바뀌어요.

인종 차별적인 혐오 표현과 관련해서는 한국에서 이런 사건도 있었습니다. 2017년도에 〈청년 경찰〉이라는 영화가 인기를 끕니다. 이때 배경이 대림동이었어요. 그런데 영화는 대림동을 괴물 같은 중국동포들이 모여서 흉악 범죄를 일삼는 끔찍한 지역으로 묘사합니다. 그러자 대림동에 생활 기반을 둔 중국동포가 고소를 합니다. 영화의 혐오 표현 때문에 생계를 위협받았다는 문제 제기였습니다. 1심에서는 패소했어요. 영화는 영화일 뿐이라는 게 판결 내용이었어요. 그러다 2심에서 뒤집힙니다. 2009년 보노짓 후세인 사건이 인종 차별을 최초로 법정에 세웠다면, 이 사건은 문화 예술의 혐오 문제에 관한 인식을 바꾸는 계기가 되었습니다.

중국동포 혐오와 빨갱이 콤플렉스

일베가 등장하고 인종 차별이 법정에서 가려졌던 시기, 세계는 어땠을까요? 잘 아시겠지만 2008년 미국발 금융 위기 이후 전 세계 경제는 침체기에 빠져듭니다. 그러면서 극우 세력들이 준동해요. 복지 국가로 알려진 스웨덴, 핀란드 같은 데서도 총기 난사 사건, 각종 혐오 범죄가 일어납니다. 우리나라의 보수화도 이러한 흐름과 함께 가고 있다고 생각해요.

2012년에는 한국에서 오원춘^{우위안춘} 사건이 터집니다. 기억하실지 모르겠지만, 수원에서 벌어진 여성 살인 사건이었어요. 중국동포라고 알려진 오원춘이라는 남성이 한국인 여성을 토막 살해합니다. 여성이 도움을 요청했음에도 경찰이 미온적으로 대처한 점이 문제가 됐었죠. 그런데 시간이 흐르면서 사건이 이상한 방향으로 흘러갑니다. 오원춘이 중국동포라는 사실이 알려지면서 언론에도 이름을 우위안춘으로 표기해요. 그러면서 인육을 조달하려고 한국에 와서 살인을 저질렀다는 보도가 나옵니다. 이후로 선정적인 보도들이 사실 확인도 없이 마구 흘러나와요. 인육과 관련된 이야기는 거짓이라는 점이 법정에서 밝혀집니다. 이 사건은 중국동포, 중국인, 인육, 여성 살해 등이 뒤엉키면서 사회적으로 큰 충격을 던져줍니다. 여성 살해 그리고 경찰의 미온적 대처라는 본질은 사라진 채 말이에요.

저는 영화 전공자이다 보니, 영화에서 등장하는 중국동포 재현의 문제가 이런 사건들과 연결되는 고리가 있다는 생각을 하게 되었어요. 변형된 레드 콤플렉스라는 생각이 들기도 했고요. 한국 영화에서 북한을 재현하는 방식은 계속 바뀌어왔습니다. 1980년대까지 북한 사람은 사람 취급조차 안 했어요. 애니메이션 〈똘이장군〉을 한번 생각해볼까요? 여기서 '붉은 수령'은 멧돼지로, 북한 군인은 늑대로 그려져요. 북한을 재현할 때 일종의 스테레오타입이 있었던 거죠. 그 기저에는 군사 독재 정권의 반공주의와 빨갱이 콤플렉스가 놓여 있고요.

우리나라 우파 정치인은 자기들을 반대하는 정치인에게 대놓고 "빨갱이"라고 욕해요. "혐오 표현이니 자제하세요"라고 지적하면 "빨갱이더러 빨갱이라고 말하는 게 뭐가 문제냐"고 되받습니다. 하지만 한국 사회에서는 빨갱이는 매우 특별한 말로 쓰입니다. 한번 빨갱이로 낙인찍히면 감옥에 끌려가던 시절이 있었습니다. 고문당하다 쥐도 새도 모르게 죽어도 아무 말도 못 했어요. 그러니까 '빨갱이'는 공산주의자를 지칭하는 객관적인 호칭이 아닙니다. 고문해도 좋은, 죽여도 괜찮은 사람이라는 뜻에 가까워요. 비인간화하는 거죠. 그런 혐오 표현을 21세기 대한민국에서 그것도 정치인이 한다는 건 심각한 일이죠. 모든 표현에는 맥락이 중요합니다. 자기 마음에 안든다고 누군가 타인을 죽여도 좋은 사람이라고 표현한다는 건 그 자체로 큰 문제예요.

어쨌든 그런 시절을 지나오면서 처음으로 북한 사람이 사람으로 그려지기 시작한 게 1990년에 나온 〈남부군〉이었습니다. 당시는 노태우 대통령이 소위 '북방 정책', 즉 사회주의 국가들과 국교 관계를 수립하던 때였어요. 냉전에서 벗어나 해빙 모드가 펼쳐지면서 북한을 재현하는 방식도 달라진 거예요. 그러다 21세기 초가 되면 북한군이 우정의 대상이 되는 〈공동경비구역 JSA〉2000년 같은 작품이 나옵니다. 〈간첩 리철진〉1999년에서도 북한 사람, 심지어 간첩이 주인공의 '좋은 동생'으로 등장해요. 2010년대가 되면 북한 사람이 '꽃미남'으로 그려지기 시작하죠. 공유, 현빈, 김수현, 강동원, 정우성 등 '잘생겼다'라는 평가를 받는 배우들이 북한 사람을 연기해요. 흥미롭게도 이들과 주인공은 적대 관계라기보다는 종국에는 서로를 이해하고 사랑하게 되는, 일종의 형제 관계로 그려집니다. 〈의형제〉라는 영화 제목이 상징적이죠. 그동안 적이나 '악마'로 그려지던 북한 사람이 함께할 사람이 됩니다.

그런데 이런 장르 영화에는 항상 '빌런^{villain, 악당}'의 자리가 필요합니다. 그렇다면 그동안 북한 사람이 차지하던 그 자리를 누가 차지할까요. 바로 중국동포입니다. 흥미롭게도 제가 기억하기로 최초로 중국동포가 주목할 만한 주요 캐릭터로 등장하는 영화는 〈댄서의 순정〉^{2005년}이었습니다. 문근영 배우가 춤추는 중국동포 여성으로 등장했어요. 그때만 해도 중국동포는 향수의 대상, 순수함이 살아 있는 대상으로 그려졌습니다.

늑대였던 북한 군인이 꽃미남까지 된 데는 시대적 변화가 작동했다고 생각합니다. 남한이 체제 경쟁에서 승리하면서 북한을 더 이상 위협의 존재로 보지 않는 거예요. 대중의 상상력이 북한을 예쁜 남자로 보게 되고, 그러다가 만인에 대한 만인의 투쟁이 벌어지는 신자유주의가 도래하면서 남한으로 돈을 벌러 온 중국동포가 새로운 빌런으로 등장한 것이 아닌가 싶습니다. 〈황해〉2010년 같은 영화를 생각해보면 돈이라면 뭐든지 하는 "개장수"의 이미지가 중국동포에게 덧씌워져 있죠. 중국동포가 범죄자, 흉악범으로 등장하는 데는 이러한 변화가 깔려 있습니다. 한편 현실에서는 중국동포를 비롯한 외국인 노동자에 대한 혐오가 커집니다.

외국인 노동자의 유입은 사실 한국 사회의 노동력 부족에 연유합니다. 기피 대상이 되는 일자리에도 여전히 노동자는 필요하고, 그러니 기업에서도 외국인 노동자를 필요로 합니다. 하지만 혐오는 객관적인 사실에 상관하지 않습니다. 그냥 싫은 거예요. 저 사람들이 우리나라 와서 돈 벌어가는 게 싫고 자꾸 눈에 띄는 것도 싫습니다. 잠시 영화 이야기를 하면서 인종 혐오, 특히 중국동포에 관한 사회의 시선에 관해 말씀을 드렸는데요. 다시 우리나라 혐오의 흐름으로 돌아와 보겠습니다.

신자유주의와 대형 재난이 불러온 인식 변화

세계 경제가 위기를 맞는 동안 한국에서는 일베가 생기고 온라인을 중심으로 혐오가 급격히 확산됩니다. 한편에서는 제대로 된 차별금지법 제정을 요구하죠. 그러다가 2010년대 중반이 되면 '여성 혐오'라는 단어가, 특히 청년 여성들 사이에, 페미니스트 투쟁의 거점이 되는 용어로서 등장합니다. 그렇다면 왜 이런 문제가 부각되었을까요? 혐오는 꾸준했습니다. 어느 날 갑자기 생긴 게 아니잖아요. 쉽게 얘기하면 이런 거예요.

요즘에는 "동네 바보 형" 이런 표현 안 쓰죠. 혐오 표현이기 때문입니다. 그런데 과거에는 자주 썼어요. 쓰면서도 문제인 줄 몰랐습니다. '바보'라는 말이 비정상이라는 뜻이잖아요. 공동체 안에서 정상으로 놓는 기준과 맞지 않는 사람을 비하하는 말입니다. 과거와 지금의 차이는 예전에는 그렇다고 해서 굶어 죽게 두지는 않았습니다. '바보'라고 놀리면서도 불쌍해서 봐주는 식이었어요. 그런데 요즘은 적극적으로 이들을 배제합니다.

"바보라고 해서 혜택을 줄 순 없어. 그건 낭비니까. 그러니, 네가 우리 사회에서 무슨 쓸모가 있는지 증명해봐." 이렇게 말해요. 생존의 조건이 생긴 거예요. 언제부터 이렇게 삭막해졌을까요? 저는 우리 사회에 몇 차례의 큰 변화가 있었는데 그 기준을 다음 세 시기로 봅니다.

1987년 6월 항쟁 이후 들어선 소위 87년 체제가 첫 번째고요. 그다음이 1997년 한국 사회를 강타한 IMF 외환 위기 사태입니다. 그리고 세 번째를 제가 '재난의 시대'라고 이름 붙였는데요. 하나하나 살펴보겠습니다.

우리 사회에 '자유'라는 가치가 제도적으로 성립된 시기가 바로 1987년입니다. 이때 6·29 선언을 끌어내고 이후 대통령 직선제가 시행돼요. 이 시기 제도적 민주화가 이루어지면서 1990년대 이후로 민주주의의 질적인 발전이 가능해졌죠. 그리고 이 질적 민주화의 과정과 함께 여성 운동, 장애 운동, 생태 운동, 퀴어 운동 등이 대중화되었죠. 그만큼 1980년대 민주화 운동은 굉장히 의미 있는 사건이었어요. 다만, 1987년의 민주화를 위해 한국의 다양한 저항 세력들이 자유주의로 일시 통합된 부분이 있고, 그것이 급진적인 사회 변혁 세력을 약화시켰다고 평가하는 학자들도 있습니다. 그리고 그런 과정의 끝에 지금에 이르러 실질적인 양당제가 완성되어 버렸죠. 과연 양당제가 현시기 다양한 사회적 요구를 담아낼 수 있을지는 늘 고민입니다.

그다음이 1997년 IMF 외환 위기 사태입니다. 이 시기 우리는 그동안 쌓아왔던 경제적 기반이 순식간에 무너지는 장면을 목격합니다. 경제가 붕괴되면서 가족이 해체된 경우도 많았습니다. 그러면서 구제 금융을 신청하게 되고, 이후로 한국 사회는 급속하게 신자유주의 체제 안으로 편입되기 시작합니다. 신자유주의는 여러 가지 설명이 가능하지만 압축적으로 두 개의 특성을 보여줍니다. 하나는 국제 금융 자본의 국내 진입입니다. 아시다시피 IMF 외환 위기 사태 이후로 한국의 은행들이 속속 해외 자본에 넘어갑니다. 그러면서 이들이 한국 시장을 마음껏 휘저을 수 있게 되었어요. 두 번째 특징은 노동 유연화(불안정화)입니다. 예전에는 한 군데 직장에서 퇴직할 때까지 계속 다니는 게 상식이었어요. 그러나 이후로 이런 일은 매우 특별해집니다. 해고가 자유로워졌기 때문이죠. 그러면서 사람들 생각이 확 달라지기 시작해요. 우리 인식 속에 '경제적 생존'이 가장 중요한 삶의 조건으로 자리 잡게 됩니다.

세 번째는 재난의 시대입니다. 저는 세월호 침몰 사고 이후로 우리에게 새로운 각성이 생겼다고 생각해요. 한국인들은 세월호와 함께 비로소 "국가란 무엇인가?" 하는 질문을 던지게 되었어요. 국민의 안전을 지키지 못한다면 그것이 국가인가? 왜 대한민국 정부는 우리의 안전을 지키지 못하는가? 이런 각성이 등장한 거죠. 공동체가 나를 지켜주지 못한다는 생각은 우리가 각자도생 사회에서 '육체적 생존'에 몰두하게 되는 계기가 되었다고 생각해요. 경제적 생존과 육체적 생존, 여기에 어떻게든 사회적으로 인정을 받아야 한다고 생각하는

'사회적 생존'까지, 생존주의가 한국 사회를 지배하는 이데올로기가 되어버립니다. 그리고 사회적 생존은 어쩌면 "아무도 정치적으로 나를 대변해주지 않는다"는 불안으로부터 비롯되었을지도 모르죠. 87년 체제 이후에 공고화된 양당제는 사회의 다양한 목소리를 담아내지 못합니다. 그러면서 정치적 무관심이 생깁니다.

이렇듯 경제적으로도, 정치적으로도, 사회적으로도, 안정된 삶과 안전을 보장받지 못하고 각자도생의 조건 속에서 어떻게든 살아남는 것, 생존하는 것이 지상 과제가 되었을 때, 약자에 대한 혐오가 널리 퍼지게 됩니다. 그리고 능력주의와 왜곡된 공정 담론이 한국 사회를 지배하게 되죠. 다양한 소수자 혐오에는 '잠재적인 경쟁자'인 소수자들을 사회에서 배제하려는 의도가 작동하게 되고, 특히 여성 혐오에는 남성들의 경쟁자인 여성들에 대한 불안과 분노가 놓여 있다고 볼 수 있습니다.

21세기적 현상이 된 혐오의 확산

참고로 2017년도에 옥스퍼드 사전이 뽑은 '올해의 단어'는 두 개였습니다. 하나는 유스퀘이크youthquake였는데요, 젊은이$youth$와 지진$earthquake$의 합성어였어요. 당시 영국 노동당이 약진한 배경으로 젊은 세대의 정치 참여가 있었다고 해요. 그만큼 젊은 세대의 영향력이 커졌다는 뜻이었어요. 다른 하나는 브로플레이크$broflake$였습니다. 남자 형제를 뜻하는 'brother'와 눈송이인 'snowflake'의 합성어인데요, 자신의 생각과 다른 진보적 사고방식에 눈송이처럼 가볍게 파르르 떨면서 쉽게 화를 내는 남성을 뜻하는 말이었습니다. 이는 영어권만의 문제는 아니죠. 한국에도 페미니즘이라거나 PC$political$ $correctness$, 정치적 올바름라고 하면 덮어놓고 치를 떠는 남성들이 있습니다. 최근에는 집게손가락만 보면 화를 내는 사람들도 등장했죠.

왜 그러는 걸까요? 정확한 이유는 모르겠습니다. 그냥 웃어넘길 수도 있는 일에 정색하면서 분노를 표출하는 현상은 무엇을 의미하는가. 저는 여기에 어떤 불안이 작동하고 있다고 봅니다. 세계적인 정치 상황을 보면 이해가 가요. 신자유주의가 심화되면서 극우 세력이 부상합니다. 유럽이 특히 그렇죠. 빈부 격차가 심해지고 저성장으로 노동자들 경제력이 약화되면서 사회적 불만이 이민자 등 소수자에게 향합니다. 이걸 무기로 극우 세력이 준동하죠.

우리나라도 마찬가지입니다. 혐오에 기반한 정치 세력이

소수자 혐오, 특히 여성 혐오를 정치 어젠다로 이용하면서 젊은 남성들의 표를 챙깁니다. 그만큼 이 사회가 여성에 대한 적대감이 팽배해 있다는 방증이기도 해요. 이를 가장 잘 보여주는 사건들이 있습니다. 한동안 우리 사회를 뒤흔들었던 소위 'N번방 사건' 기억하시나요. 2019년, 각종 메신저를 통해 미성년자를 포함한 여성에 대한 성 착취물을 유포하고 공유한 사건이 한 언론사를 통해 밝혀집니다. 그런데 놀랍게도 이런 엄청난 범죄 행위를 밝혀낸 건 수사 기관이 아닌 여성들이었어요. 대학생 두 명이 '추적단 불꽃'을 꾸려 탐사 보도를 합니다. 경찰에 가서 얘기해도 안 들어주고 언론도 관심을 안 가지니 직접 나선 겁니다.

빈부 격차가 심해지고, 사회적 안전망이 해체되는 등 불안도가 높아지면서 이러한 사회적 불만을 소수자에게 돌리는 일이 빈번해지고 있습니다. 극우 정치가 준동하고 온오프라인이 혐오로 오염되는 현상은 확실히 21세기적 현상이라는 생각이 들어요. 그렇다면 오늘날 어디에서 희망을 찾을 수 있을까요? 이 숨 막히는 시스템 바깥을 상상할 수 있을까요? 쉽게 답을 낼 수는 없겠지만, 이어서 우리 사회의 여성 혐오와 이를 극복할 대안들을 찾아보면서 이야기 나누어보도록 하겠습니다.

왜 우리는 차별과 혐오에 지배당하는가?

앞서도 잠시 말씀 나누었지만, 우리가 '여성 혐오'라고 할 때의 혐오는 사회적 혐오를 뜻합니다. 그러니까, 단지 '여자를 싫어하고 미워하는 마음'이 아니에요. 구조적인 성격을 갖고 있습니다. 성별 이원제 사회에서 성에 기초한 폭력, 차별적 언행, 공공연한 차별 등을 뜻합니다.

'남자는 이래야 하고 여자는 이래야 해.' 하는 생각, 그러니까 '여자는 이러면 안 돼'라는 생각에서 비롯하는 구조적 차별이에요. '성별 이원제'라는 건 세상에 오로지 두 개의 성밖에 없다고 믿는 신념을 의미합니다. 자연 상태에서의 성은 그 스펙트럼이 무척 넓음에도 불구하고 이를 무시하고 남/여 두 개의 성으로 한정 지어버리는 거죠. 이렇게 성을 둘로 나눈 뒤음경을 가진 사람을 남성으로 음순을 가진 사람을 여성으로 규정한 뒤, 남성을 보편 인간으로 여성을 음경의 결핍이자 남성을 위협하는 존재로 타자화하는 것이 바로 여성 혐오의 성격입니다. 성별 이원제라는 신념 체계의 핵심은 이분법적 사고와 남성 중심적 사고예요. 여성 혐오는 단순히 폭력이나 차별에만 국한되지 않습니다. 배제와 적대, 남성 중심주의, 여성의 대상화 등 다양한 형태로 나타납니다.

『제2의 성』이 드러낸 가부장 체제 속 여성 혐오

보통 '사회적 성'이라고 설명하는 젠더^{gender} 개념을 잘 이해할 수 있도록 도와주는 페미니스트 고전이 있습니다. 바로 프랑스의 실존주의 철학자 시몬 드 보부아르가 쓴 『제2의 성』입니다. "여자는 여자로 태어나는 것이 아니라 여자로 길러지는 것이다." 이 유명한 문장이 바로 이 책에서 등장하죠. 성이 몸의 차이가 아닌 사회·문화적 규정에서 비롯한다는 뜻입니다. 그런데 강의에서 이 말은 남자가 제1의 성으로 규정될 때 여자는 제2의 성이 된다는 의미라고 설명하면, 이렇게 말씀하시는 분들이 계십니다. "요즘 그런 게 어디 있어요? 여자가 제1의 성 아닙니까?" 그런데 정말 그런가요? 아마도 남자들 지위가 예전만 못하다는 뜻으로 그렇게 말하는 것 같습니다만, 이는 객관적인 사실이 아닙니다. 쉬운 예를 하나만 들어볼까요? 주민등록번호를 한번 생각해보죠. 왜 남자는 1번, 여자는 2번을 받아야 할까요? 이렇게 물어보면 아무도 대답을 못 해요. 이유가 없기 때문입니다. 그냥 남자가 자연스럽게 1번이라고 생각하는 겁니다.

어쨌든, 그래서 『제2의 성』을 한번 들여다보자면, 주요 내용은 이렇습니다.

첫 번째, 보부아르는 이 책에서 "여성은 자궁이 있다는 이유로 잠재적인 어머니이거나 어머니였던 사람으로 상상된다. 그래서 끊임없이 여성의 모든 가치는 돌보고 베풀며, 낳고 기르는 것으로 한정된다"고 말해요. 신체적 차이를 근거로 사회적 역할을 강요한다는 거죠. 이런 사회에서는 어머니 역할만 허용됩니다. 이외에 사회 활동은 금지돼요. 그래서 예전에는 여성들이 집 밖으로 나가는 일 자체가 모험이었죠. 물론 지금도 그런 나라들이 많이 있습니다.

가부장제 사회는 돌봄을 여성에게 전가하는 한편 이를 폄하합니다. 돌봄의 가치를 무시해요. "집에 가서 애나 보라"는 말이 그렇죠. 중요한 일이 아닌 겁니다. 그러면서 한편으로는 여성들에게 돌봄 노동을 기꺼이 받아들이도록 '위대한 어머니상'을 주입합니다. "어머니는 위대하다"는 말 많이 들어보셨죠. 여성들이 하게 될 어머니 역할은 숭배하면서 정작 돌봄 노동 자체는 깎아내리는 겁니다. 이상한 일이죠.

돌봄 노동은 여성만의 일도 아니고 하찮은 일도 아닙니다. 페미니스트들이 돌봄의 가치를 재발견해야 한다는 것은 바로 이런 의미입니다. 인간은 취약한 존재입니다. 타자에게 의존하지 않고서는 살 수 없어요. 상호 의존하고 돌보는 삶은 인간의 본질이나 다름없습니다. 강인한 남성성을 강조하는 가부장제 문화는 의존을 하찮은 것으로 여기고, 자본주의 사회의 능력주의 역시 의존하는 사람을 나약한 존재라고 폄하하죠. 하지만 '요람에서 무덤까지' 인간은 반드시 누군가에게 의존할 수밖에 없는 시간을 살게 됩니다. 그런 삶에서 돌봄은 필수적이고요. 이러한 사실에 좀 더 관심을 갖고 우리가 돌봄에 관해 진지하게 생각해보아야 해요. 돌봄에 대한 사회적 무관심은 성 역할 고정 관념 안에서 남성에게는 '바깥일'이 여성에게는 '집안일'이 배분되고, 그렇게 가사와 육아 등 돌봄 노동이 여성들의 일로 여겨지기 때문에 벌어지는 사회 현상입니다. 이런 현실 속에서 여성의 경력 단절 문제는 해결의 실마리를 찾지 못하고 점점 심해질 뿐이겠죠.

두 번째로, 보부아르는 여성이 남성과의 관계 안에서 규정된다고 비판합니다. 남성이 보편 인간으로 설정되어 있기에, 여성은 여기에 맞춰 자기를 증명해야 하는 처지에 놓입니다. 예를 들어 가부장 사회에서는 유권자들이 여성 정치인을 평가하는 잣대가 달라요. 그래서 이들은 남성보다 열등하지 않다는 점을 증명하기 위해 끊임없이 노력해야 합니다. 그렇지 않으면 '여자가 하는 일이 다 그렇지 뭐' 하는 평가를 받게 돼요. 남성 정치인의 비리는 당연하지만 여성 정치인은 절대 용납할 수 없는 일이 됩니다. 여성이 대통령 후보로 나오면 "군대도 안 다녀온 사람이 국군 통수권자가 될 수 있나?" 하며 의문을 제기합니다. 그런데 지금 우리나라 대통령, 군대 다녀왔나요? 아무도 안 따지죠. 기준이 다르기 때문입니다.

사회의 기준이 남성이라는 주장에 의문을 제기하는 분들도 있을 겁니다. 하지만 익숙해서 그렇지 하나하나 따져보면 우리 사회가 어떤 사람들을 기준으로 디자인되어 있는지 금세 알 수 있어요. 예컨대 여름철 건물이나 대중교통 수단의 냉방은 평균 남성을 기준으로 합니다. 그 온도에 맞춰서 에어컨을 틀었다 껐다 해요. 이건 제 이야기가 아니에요. 2015년 영국 일간지 〈텔레그래프〉에 보도된 내용입니다. 네덜란드의 연구진이 여름철 사무실 냉방 온도를 조사했더니, 여성 대다수가 4도 정도 춥게 느낀다는 거예요. 그 기준이 남성의 신진대사율이기 때문이었다고 합니다. 버스 손잡이도 그렇죠? 평균 신장이 성인 남성에 맞춰져 있어요. 이처럼 '성인 남자 기준'으로 제작된 시설물, 상품들은 상당히 많습니다. 남성이 기준인 사회이기 때문이에요. 영국 저널리스트인 캐롤라인 크리아도 페레스Caroline Criado Perez가 쓴 『보이지 않는 여자들』이라는 책에 상세히 나와 있으니 관심 있으신 분들은 한번 살펴보셨으면 해요.

세 번째, 보부아르는 여성의 가치가 외모로 축소돼서 평가

된다는 이야기를 합니다. 너무 당연해서 새삼스럽다고 느끼시는 분도 있을 거예요. 한 사람을 온전한 인격체가 아닌 생김새로 평가한다는 건 비인간적인 일이에요. 그럼에도 여성에게는 이러한 외모가 무척 중요한 평가 지표가 됩니다.

예전에 온라인에서 유행하던 급훈이 있었습니다. 한 남자 고등학교 교실에 붙어 있었어요. "네가 지금 5분 더 공부하면 미래의 네 와이프 얼굴이 달라진다." 그러자 또 한 여자 고등학교의 급훈이라면서 이런 사진이 올라와요. "네가 지금 5분 더 공부하면 미래의 네 다이아몬드 반지 크기가 달라진다." 남자들이 공부를 열심히 하면 '미녀'를 트로피로 얻을 수 있는 재력을 가지게 된다면, 여자들은 공부를 열심히 해도 내가 누구와 결혼하느냐에 따라 사회적 지위가 결정된다는 남성 중심적이고 가부장제적인 사고방식이 이런 농담 속에 녹아 있는 셈입니다. 이런 이야기를 하면 "웃자는 농담에 죽자고 달려든다"라고 말하는 분들도 계시죠. 하지만 보부아르 작업의 핵심이 바로 여기에 있습니다. 남성과 여성의 차이를 강조하고 그 차이를 통해 차별을 정당화하는 일은 폭력이나 강압으로만 내면화되는 게 아니라는 거예요. 재미있는 농담, 아름다운 노래, 흥미로운 영화 등 우리가 일상적으로 즐기는 문화를 통해서 자연스럽게 받아들이게 된다는 겁니다.

능력주의 사회, 내면화된 차별

이런 '고등학교 급훈' 시리즈는 웃기는 농담임과 동시에 한국 사회 성차별 문화의 소산이기도 한 셈이죠. 여기서 우리는 '능력주의 사회' 안에서도 남성과 여성에게 각자 다른 미래가 제시됐다는 걸 확인할 수 있습니다. 남성에게는 공부를 잘해서 시험을 잘 보고 좋은 대학에 가면 경제적 성공을 누릴 수 있다고 말합니다. 하지만 여성들에게는 그래 봐야 "시집 잘 가는 것이 장땡"이라고 가르치죠. 그렇게 여성들은 끊임없이 외모로 평가받는다면 남성들은 능력으로 평가받는 시대가 계속되고 있습니다.

'젠더 갈등'이라는 말 역시 이런 관점에서 이해할 필요가 있습니다. 지금 청년 여성들이 여성 혐오라는 말과 페미니즘을 통해 싸우고자 하는 것, 기꺼이 갈등하고자 하는 것은 바로 이런 가부장제의 판입니다. 우리가 청년 여성들의 말을 제대로 들어본다면, 그들의 메시지가 매우 명쾌하다는 걸 알 수 있을 거예요. 청년 여성들은 이렇게 말하고 있습니다. "나도 사람이다. 나도 시민이다. 나는 당신들의 소유물이 아니다. 당신들의 트로피가 아니다. 그러니까 함부로 내 몸을 찍지 말고, 함부로 유포하지 말고, 함부로 강간하지 말고, 함부로 죽이지 마라." 너무도 당연한 말을 지난 세월 동안 해오고 있는 겁니다. 여성들에게 '젠더 갈등'이란 바로 이런 모순을 말하는 거죠. 하지만 일부 남성들과 언론, 정치인들에게 젠더 갈등이란 시끄러운 여자들이 문제도 아닌 것을 문제 삼는 일이 되어버립니다. 차별에 대한 문제 제기를 '갈등'을 야기하는 행위로 보면서 반페미니즘과 여성 혐오의 근거로 삼기도 하죠.

된장녀, 김치녀처럼 한동안 온라인을 가득 채웠던 말에는 여성에 대한 차별적인 시선이 고스란히 담겨 있습니다. 여성은 명품 백만 좋아한다든가, 비싼 밥을 사달라고 한다든가, 좋은 차를 가진 남자를 만나고 싶어 한다든가 하는 스테레오타입이 이런 말들에 녹아 있죠. 이런 여성이 세상에 단 한 명도 없을까요? 그렇지는 않을 겁니다. 문제는 뭐냐면 이런 행동을 하는 소수의 여성을 '한국 여자 전반'의 문제로 만들어서 "한국 여자는 이래"라는 식으로 전형적인 이미지를 만들어 폄하하고 차별과 폭력의 근거로 삼는다는 점이죠. 한국 사회에서 어떤 여성이 경제적으로 능력 있는 남성 배우자를 만나고 싶어 한다면, 그건 한 개인만의 문제가 아닐 수도 있습니다. 남녀 성별 임금 격차가 이토록 심하고, 여성의 경력 단절을 극복하기 힘든 사회에서, 경제적으로 능력 있는 남성 배우자를 찾는 것은 어떤 여성들에게는 생존 전략일 수밖에 없

왜 우리는 차별과 혐오에 지배당하는가?

기도 하겠죠.

　이러한 여성 혐오적 인식은 남성만의 문제는 아닙니다. 여성들에게도 자기혐오의 형태로 뿌리 깊게 내면화되어 있죠. 그래서 우리는 성별에 상관없이 여성 혐오를 내면화하고 있기도 합니다. 그러므로 여성 혐오만큼이나 큰 문제는 자신의 여성 혐오를 성찰하지 못하는 것입니다. "이것은 여성 혐오입니다"라는 지적을 받았을 때 "아니 김치녀를 김치녀라고 하는데 그게 무슨 문제냐"고 되묻는 경우가 왕왕 있죠. 아까 빨갱이더라 빨갱이라고 하는 데 무슨 문제냐고 말하는 보수 정치인 말씀드렸었죠? 마찬가지라고 할 수 있겠죠.

　앞에서도 말씀드렸던 것처럼 이러한 인식은 문화적으로 내면화됩니다. 다양한 문화를 통해서 가부장제는 은연중에 여자는 남자보다 열등하다는 생각을 하게 만들죠. 아까 교실에 붙은 급훈을 보고 함께 웃었잖아요. 그런 식으로 자연스레 내면화되는 거예요. 우리 인식에 문화가 끼치는 영향은 매우 큽니다. 그래서 페미니스트들이 오랫동안 문화 영역에서의 여성 차별과 혐오와 싸워왔던 거고요.

　〈백설 공주〉, 〈인어 공주〉 같은 디즈니 영화는 한 번쯤 다들 보셨을 거예요. 디즈니 애니메이션이 지금은 여성들의 항의로 많이 달라지긴 했지만 기본적으로 굉장히 보수적인 회사

였어요. 과거 제작된 작품들을 보면 알 수 있듯이, 미국 중심주의나 백인 남성 중심주의적 사고가 깊이 스며들어 있습니다. 예컨대 〈알라딘〉을 보면, 여기에 등장하는 인물들은 모두 무슬림입니다. 『아라비안나이트』가 원작이니 당연하죠. 그런데 이들이 쓰는 영어의 억양이 배역에 따라 다릅니다. 영어에도 억양이 다 다르잖아요. 미국식, 영국식, 호주식이 있습니다. 같은 미국 영어라도 남부와 북부가 달라요. 주인공인 알라딘과 재스민, 그리고 이들을 돕는 지니는 미국식 억양입니다. 반면에 못된 친구들, 자파 등 악역은 모두 아랍식 억양이에요. 의도가 있는 거죠. 미국은 아랍 세력을 테러리스트, 즉 적으로 생각하잖아요. 할리우드 영화에서 악당을 감별하는 방법은 아주 간단합니다. 영어 억양만 보면 돼요. 러시아 혹은 아랍 쪽 억양이라면 거의 대부분 악역입니다. 인종 차별적 인식이 그대로 드러난 거예요. 이러한 인식은 비단 미국인들만 갖고 있는 것은 아닙니다.

아랍 사람들을 미워할 아무런 이유가 없는 우리나라 사람들도 이들을 혐오해요. 무슬림들은 테러리스트다, 폭력적이다, 이런 생각들을 합니다. 실제로 우리가 보는 영화에서 무슬림들은 늘 시민들을 괴롭히는 테러리스트로 등장하거든요. 뉴스도 마찬가지입니다. 이런 문화에 알게 모르게 영향을 받고 있는 거예요.

마지막, 네 번째로 보부아르가 지적한 점은 여성에 대한 제도적인 차별입니다. 페미니즘 제1 물결은 여성의 참정권과 교육권, 그리고 재산권 등 공적 영역에서 여성이 남성과 동등한 권리를 누릴 수 있어야 한다는 주장과 함께 뜨겁게 불타올랐었죠. 민주주의 사회에서 당연히 누려야 할 권리를 인정받기 위해 여성들은 끊임없이 싸워왔습니다. 이런 제도적인 차별이 여성을 '제2의 성'으로 만들어왔다는 거예요. 『제2의 성』이 프랑스에서 여성에게 참정권이 주어진 직후인 1949년 출간되었다는 점을 기억해볼 필요도 있죠.

치열한 생존 투쟁과 여성 혐오

『제2의 성』은 1940년대, 그것도 프랑스에서 출간됐습니다. 그럼에도 오늘날 한국 사회를 설명하는 데 부족함이 없죠. 한국 역시 가부장제하의 여성 혐오가 매우 강하다는 걸 확인할 수 있는 셈입니다. 이제 지금/여기에서의 여성 혐오에 대한 이야기로 넘어가 볼까요?

한 편의 웹툰을 통해 이야기를 풀어볼까 싶습니다. 제가 2016년 온라인에서 마주했던 '남남북녀 결혼 주선'을 전문으로 하는 한 결혼 정보 회사의 프로모션 웹툰인데요. '북한 여성의 장점'이라는 제목의 웹툰이었습니다. 여기서는 "성형을 안 해도 예쁘다, 나이 차에 신경 쓰지 않는다, 가난한 국가^{북한}에서 왔기 때문에 검소하다, 군대에 다녀왔으므로 개념이 탑재되어 있다, 남한 여성들처럼 결혼 조건을 재지 않는다, 동방예의지국의 효를 배웠기 때문에 시부모에게 잘한다, 여타 국제결혼과 달리 혼혈이 아닌 순혈 자손을 얻을 수 있다." 등을 북한 여성의 장점으로 꼽고 있죠. 이 웹툰은 그야말로 21세기 한국 사회의 여성 혐오를 형성하는 다양한 이데올로기를 열 장의 그림 파일에 고스란히 재현하고 있습니다. 우리는 여기에서 우리 시대 여성 혐오의 세 가지 원인을 볼 수 있습니다. 첫째는 유구한 가부장제 역사 안에서 배태된 여성 혐오, 두 번째는 신자유주의가 깊숙이 침투하면서 생겨난 남성 중심 사회의 불안과 공포를 반영합니다. 세 번째 측면은 여성 운동, 즉 페미니즘의 성과에 대한 반발^{백래시}이에요.

우선 아주 간단한 질문에서부터 시작해볼 수 있겠습니다. 여성과 결혼해서 가정을 이루고 싶어 하는 남자들을 대상으로 하는 광고가 어떻게 이렇게 여성 혐오적일 수 있을까요? 혹은 그런 광고에 현혹되는 남자들을 어떻게 여성 혐오적이라고 규정할 수 있을까요?

일본의 여성학자 우에노 치즈코는 이 문제에 대해서 여성 혐오는 의외로 '여자를 좋아하는 호색한'들에게서 오히려 빈번하게 찾아볼 수 있다고 말합니다. "그들이 반응하고 있는 것은 여성이 아니라 여성성의 기호"이기 때문이라는 것이죠. 즉 그들이 좋아하는 것은 남성 중심의 가부장제 사회가 만들어온 여성성에 대한 고정 관념 및 강박적 이상과 판타지일 뿐, 물질성을 띤 개개인으로서의 여성이 아니라는 말입니다. 그러므로 현실에서의 여성이 그 틀에 부합하지 않다면 그 여성은 당연히 미워하고 싫어하는 대상이 될 수밖에 없죠. 이건 비단 '호색한'의 문제가 아니라 여성을 남성 간에 교환 가능한 소유물로 생각해온 가부장제 사회에 만연한 태도이기도 합니다.

이제 웹툰으로 시선을 돌려보면, 이 광고가 제안하는 북한 여성의 장점, 즉 최고의 배우자를 구성하는 요건들은 가부장제가 구성해온 이상적인 여성성의 조건이며 '서양 물 든 김치녀'라는 미묘한 조합의 남한 여성들이 더 이상 체현하고 있지 않은 미덕입니다. 따라서 남한 여성은 혐오의 대상이 되지만, 북한 여성은 경외의 대상이 되는 거죠. 이는 물론 일부 남성들의 '여성 혐오 판타지' 안에서 일어나는 일이지만 말입니다. 이처럼 여성 혐오는 가부장제의 성별 이원제 젠더 질서에 복

무해온 깊은 역사적 뿌리를 가지고 있어요. 우에노 치즈코는 이와 같은 여성 혐오는 '여성 멸시'와도 같은 말이라고 설명합니다.

하지만 '여성 멸시'는 당대 우리가 경험하고 있는 여성 혐오를 온전히 설명해주지 못합니다. 이 웹툰에서 "예비 신부님은 저의 재산이나 직업, 집 평수 같은 것은 안 궁금하신가요?"라고 질문하는 풀 죽은 남자의 얼굴에서 드러나는 것처럼, 당대의 여성 혐오는 여성에 대한 멸시뿐만 아니라 불안정한 삶의 조건 자체에 대한 불안 및 공포와 맞물려 있기 때문이에요. 그리고 이 불안과 공포는 자본주의 체제와 그것이 보장하는 평등한 기회, 평등한 풍요에 대한 믿음을 위협합니다. 자본주의와 그 정치적 판본이라고 할 수 있는 자유민주주의 사회는 남성들 간의 평등한 관계를 약속하면서 세계사에 등장했습니다. 그러나 역사가 증명하듯이 자본주의는 남성들 간의 평등을 보장해주지 않습니다. 다만 그에 대한 환상을 근간으로 할 뿐이죠. 이 불안과 공포는 경쟁자로서 등장한 여성에 대한 불안과 공포와도 연결되어 있습니다.

이런 불안의 판타지 안에서 여성은 꽃뱀 혹은 먹튀녀가 되거나 남성을 짓밟고 올라서서 얼마 안 되는 밥그릇을 강탈해 갈 수 있는 권능을 지닌 경쟁자로 등극합니다. 1990년대의 여

왜 우리는 차별과 혐오에 지배당하는가?

성 혐오 담론이 '아줌마'를 둘러싸고 벌어졌던 반면 2000년 대에는 '된장녀'를 지나 '김 여사'로 이동하는 것 역시 이런 문제의식 속에서 이해할 수 있을 것 같아요. '아줌마'에 대한 혐오는 공적 영역에 대해 이해하지 못하는 여성에 대한 노골적인 멸시를 바탕으로 했죠. 그러나 1990년대 페미니즘 운동이 "그래, 나 아줌마다"라는 선언의 형태로 아줌마를 구해내고 동시에 IMF 외환 위기 사태 이후 한국의 경제적 몰락 이후 국가가 '아줌마의 생활력'을 재전유하면서 아줌마에 대한 멸시/혐오는 담론의 장에서 사그라듭니다. (물론 현실의 장에서도 사그라든 것은 아닐 테지만요.) 그러면서 2000년대에 들어서 '소비력'으로 대변되는 경제적 능력을 갖춘 여성들이 혐오의 대상으로 등극하는 것이죠. '된장녀'는 한 손에는 비싼 커피를 다른 한 손에는 고급 가방을 든 도시 여성이었고 '김 여사'는 명백히 '오너드라이버'였으니까요. 이는 여성 혐오의 성격이 멸시에서 위압감 혹은 박탈감으로 전환되었음을 암시하죠.

당대 여성 혐오의 마지막 원인은 사적 영역에서 남자들이 경험하는 피곤함입니다. 그것은, 이 웹툰의 전제라고 할 수 있는, '순진무구하며 전통적인 사고방식을 내면화하고 있는 외국 여성'과의 국제결혼이라는 남성 판타지로부터 읽어낼 수 있습니다. 프랑스 저널리스트 폴 아르케만은 『Mr 남성의 재

탄생』이라는 책에서 남성성에 대해 분석하면서 '마초성'과 '죄의식'에서 벗어난 새로운 남성의 탄생에 대해 이야기하는데요. 그가 말하는 '마초성'이란 68혁명 이전의 가부장제를 그리워하면서 현대를 개탄하는 남성 우월주의이고, '죄의식'이란 68혁명 이후 '모든 잘못이 나로부터 비롯되었다'는 생각에 이러지도 저러지도 못하는 남성들의 난감한 상황을 의미합니다. 그리고 이런 죄의식은 모든 것을 남성의 탓으로 돌리고 남성을 비난하며 여성을 희생양의 자리에 올려놓는 '과격한 페미니스트'가 조장하는 것이기도 합니다.

 그는 둘 다 벗어난 남성을 '화해한 남성'이라고 말하는데, 재미있게도 그가 예로 들고 있는 '화해한 남성'은 러시아 여성과 국제결혼을 한 프랑스 남성들을 말해요. 서유럽 여성들의 비난으로부터 자유로운 그들은 파트너와 서로를 존중하는 평등하고 평화로운 관계를 유지한다는 것이 그의 주장인데요. 점차 자신의 목소리를 찾아가고 있는 남한 여성들로부터 느끼는 피곤함은, 이 남성 저널리스트가 느끼는 피곤함과 다르지 않은 것 같습니다. 얼핏 보면 그럴듯해 보이는 이 이야기에는, 그러나 분명한 이름이 있어요. 바로 '백래시backlash'죠. 즉 페미니즘 운동에 대한 반발 혹은 반격에 불과한 주장인 것입니다.

21세기 한국 사회에서의 여성 혐오란 단순한 감정의 상태가 아니라 여성의 이미지로 매개되는 사회적 권력관계예요. 특히 이 사회적 권력관계는 여-남의 양성 간 권력관계일 뿐 아니라 여성을 교환 가치로 환산하는 남-남 간의 권력관계이기도 하며, 이를 '자기혐오'로서 경험하는 여-여 관계이기도 하죠. 그리고 바로 그렇게 이성애적 교환 경제를 바탕으로 하기 때문에 문화적일 뿐만 아니라 경제적이고, 정치적인 권력관계이기도 한 것입니다. 따라서 '여성 혐오'는 상상의 영역에 존재하는 판타지일 뿐이라고 주장한다고 해서 간단히 폐기되지 않습니다. 그 물적 토대 및 인식론적 토대와 대결하지 않는다면 여성 혐오는 어쩌면 영속할 테고요.

아무도 행복하지 않은 세상에서 탈출하기

최근 수년간 한국 사회에서 독특한 문화가 생겼는데요, 바로 '먹방'입니다. 방송은 물론 유튜브와 SNS에스앤에스를 장악한 지 꽤 됐죠. 어딜 가도 먹방, 먹방입니다. 이런 현상이 막 시작됐을 때 어떤 사람은 이를 풍요 사회의 현상으로 보았어요. 먹고살 만하니까 음식 갖고 장난친다는 생각인 거죠. 그런 측면도 있지만 제가 보기에는 '먹'보다 '방'에 주목해야 한다고 봅니다. 다른 콘텐츠와 달리 큰돈 들이지 않고 시작할 수 있기 때문이 아닐까요? 그냥 내 몸만 있으면 되잖아요. SNS 는 가진 것 없는 청년들에게 기회의 땅입니다. 주목을 끌기만 하면 큰돈을 벌 수 있어요. 당연히 더 자극적이고, 더 스펙터클하고, 더 폭력적인 콘텐츠가 등장합니다. 동영상, 사진 같은 시각 매체의 소비가 급증하면서 일종의 '주목 경제'가 만들어진 겁니다.

요즘은 '사이버 렉카'가 사회적 문제가 되고 있습니다. 어떤 이슈가 생기면 재빨리 관련 영상을 만들어 퍼뜨리는 유튜버 혹은 그런 콘텐츠를 말하는데요. 교통사고가 났을 때 출동하는 견인차에 비유한 표현입니다. 사이버 렉카는 이슈와 조회수에 민감합니다. 그래서 기존 언론 보도를 짜깁기하다가 점점 선정적으로 변해요. 대놓고 가짜 뉴스를 퍼뜨립니다. 연예인들 사생활을 캐러 다니고, '정의 구현'이라면서 페미니스트를 타깃 삼아 좌표를 찍고 온갖 혐오 발언으로 괴롭힙니다. 바야흐로 혐오가 돈이 되는 시대가 된 거예요.

문제는 그 안에서 여성이 희생양이 되었다는 겁니다. 여성 혐오가 돈이 되자 너나없이 뛰어듭니다. N번방 사건 직후에 '디지털 교도소'가 생겼습니다. N번방 가해자들을 응징하겠다는 일종의 자경단 사이트였어요. 사회가 제대로 처벌을 안

왜 우리는 차별과 혐오에 지배당하는가?

하니까, 네티즌이 나서겠다는 겁니다. 당시 운영자는 자기 사촌 동생이 N번방 피해자라며 가해자 명단을 공개하겠다고 말합니다. 실제로 사건 이후 제보를 받고 가해자 신상을 공개했어요. 그런데 정말 경악스러운 건, 이 디지털 교도소 운영자가 N번방 운영자였다는 사실입니다. 'N번방 영상 보고 싶은 사람 클릭' 이런 식으로 메시지를 뿌리고 걸려든 남성을 협박합니다. 일종의 남성판 N번방이에요. 우리가 온라인상에서 벌어지는 혐오를 막지 못하면 여성은 물론 남성들도 피해자가 됩니다.

페미니스트들은 한결같이 말합니다. 가부장제에서는 누구도 행복하지 않다고요. 혐오에 저항하는 일은 남성을 향한 적개심을 키우는 일과 무관합니다. 사람을 남자와 여자로 나누고, 특정 성을 혐오의 대상으로 삼는 이런 시스템은 남자들 역시 불행하게 합니다. 더 늦기 전에 우리가 혐오의 문화에 단호하게 대처해야 해요. 그러려면 온라인상에서 벌어지는 각종 혐오, 특히 여성을 대상으로 한 혐오 범죄의 본질을 알아야 한다고 생각합니다.

6

오리엔탈리즘과
그 이후

박홍규

◆ 박홍규

세계에 대한 폭넓은 이해를 바탕으로 글을 쓰는 저술가이자 노동법을 전공한 진보적인 법학자다. 걷거나 자전거를 타고 시골에서 농사지으며 자유·자연·자치의 삶을 실천하고 있다. 오사카시립대학에서 법학박사 학위를 받았고 오사카대학 등에서 강의하고 하버드 로스쿨, 노팅엄대학, 프랑크푸르트대학 등에서 연구했다. 1997년『법은 무죄인가』로 백상출판문화상을 수상했고, 2015년『독서독인』으로 한국출판평론상을 수상했다.

오리엔탈리즘과 그 이후

6

오늘 저는 오리엔탈리즘에 관해 말씀을 드리려고 합니다. 제가 1991년도에 에드워드 사이드의 『오리엔탈리즘』이라는 책을 번역했습니다. 꽤 오래전 일인데 당시만 해도 출판이 어려웠어요. 번역해서 출간하려고 여러 출판사를 알아봤지만, 거절하더군요. 당시만 해도 '오리엔탈리즘'이라는 주제가 생소하기도 했고, 우리 스스로 오리엔탈리즘에 관해 오해가 있기도 했습니다. 인문학자들조차 오리엔탈리즘을 동양에 대한 비하 정도로 알고 있었던 거 같아요.

제가 보기에는 『오리엔탈리즘』을 쓴 에드워드 사이드는 20세기 사상가 중에서도 손꼽히는 지성인입니다. 그러나 유독 우리나라에서만 인정을 못 받았어요. 물론 옛날이야기입니다. 책이 나온 이후로는 인식이 달라졌어요.

오리엔탈리즘이라는 오래된 주제

저는 노동법을 전공한 사람입니다. 그런데 에드워드 사이드의 『오리엔탈리즘』에는 노동의 '노'자도 나오지 않아요. 그럼에도 저는 그 책이 너무 좋았어요. 그래서 꼭 우리나라에 소개해야겠다고 마음먹었습니다. 1989년도에 미국 하버드대학에 가서 2년 정도 있다가 돌아와서 번역을 마무리했어요.

『오리엔탈리즘』은 역사책이 아닙니다. 정치 경제에서부터 각종 학문 영역의 담론까지 폭넓게 등장해요. 일단 그동안 서양의 학문이 동양을 어떻게 취급했느냐를 봅니다. 동양은 미개하고, 야만적이라는 사상이 서양을 지배해왔어요. 수천 년간 수많은 담론이 그렇게 동양을 폄훼했어요. 그 근거로 에드워드 사이드는 고대 그리스 철학자인 플라톤과 아리스토텔레스부터, 칸트, 니체, 존 스튜어트 밀, 애덤 스미스 같은 사상가들의 철학을 살펴봅니다. 그러면서 그들이 동양을 얼마나 우

왜 우리는 차별과 혐오에 지배당하는가?

습게 봤는가를 폭로해요. 1978년도에 영문으로 출판됩니다. 제가 젊은 시절 우연히 알게 되었는데, 10년을 기다려도 번역이 안 되는 거예요. 제가 해야겠다 싶었습니다.

당시 우리 학계는 분야를 가리지 않고 서양 학자들을 숭배하는 분위기였어요. 저는 생각이 조금 달랐습니다. 서양 학문을 숭상하는 분위기를 깨고 싶었어요. 그랬던 제게 에드워드 사이드의 책은 무척 특별하게 다가올 수밖에 없었습니다. 서양인들이 우리를 어떻게 봤는지, 우리를 얼마나 무시했는지, 우리를 얼마나 비하했는지, 학문적으로 규명해주고 있었으니까요. 세상에 이런 책이 있나 싶었습니다.

사실 우리나라는 역사적으로 콤플렉스가 있잖아요. 일본의 식민지였습니다. 그래서 일본 제국주의자들이 틈만 나면 하는 소리가 있잖아요. 조선인들은 안 된다느니, 노예근성이 있다느니, 합니다. 그런데 일본이 우리나라를 식민지 삼을 수 있었던 배경이 뭡니까. 근대화잖아요. 서양에서 신문물을 받아들입니다. 힘을 길러 우리나라를 무력으로 침탈했어요. 당시 전 세계는 서구 제국주의 국가들이 경쟁적으로 동양 침탈에 나설 때였습니다. 그러면서 한편으로 침략을 합리화하고 정당화하는 논리를 개발해요. 동양인은 미개하고, 야만적이며 음탕하다. 한마디로 짐승 같은 사람이라고 주장합니다. 이건 제국주의자들뿐만이 아니었습니다. 마르크스나 엥겔스 같은 사회주의자들도 예외가 아니었어요. 서양 문학도 그렇습니다. 문학 작품에서 등장하는 동양은 야만의 땅이었습니다. 책에서 이런 내용들을 접하고 감동을 받았어요. 만나는 사람마다 『오리엔탈리즘』을 권했어요. "이런 좋은 책이 있는데 번역 좀 해라. 너 영어 잘하잖아." 하고 권하기도 했습니다. 그런데 아무도 안 나서요. 결국 제가 번역해서 국내에 소개가 됩니다. 당시는 지금같이 집집마다 컴퓨터가 있던 시절이 아니었습니다. 종이에 일일이 수기로 번역했어요. 한번은 들고 다니다가 분실도 하고, 우여곡절 끝에 출판사를 만났습니다. 그런데 책이 나오자마자 몇 군데에서 전화가 와요.

제일 먼저 전화를 한 곳은 한약방협회였습니다. 책 제목만 보고 동양주의, 동양 제일주의, 동양 찬양주의 식으로 오해한 거예요. 물론 내용은 전혀 그렇지 않습니다. 어쨌든 그만큼 우리가 잘 몰랐던 시기였어요. 책은 이후 많은 독자들을 만났습니다. 스테디셀러예요. 지금까지 계속 팔리고 있습니다.

원작인 『오리엔탈리즘』의 출판은 전 세계 학계에 큰 충격을 던져줍니다. 반발도 심했어요. 거의 모든 분야의 서양학자들이 총출동해서 반박에 나섭니다. "우리가 동양을 멸시했다고? 헛소리 마!" 식으로 항변하는 책들이 이후로 줄줄이 나와요. 제가 일일이 세어보지는 않았지만 논문을 포함하면 아마도 수천수백 권은 될 거예요. 아예 거짓말이라고 비판하는 것도 있었고, 오해다, 과하다는 식의 비판도 있었습니다. 상황론도 등장해요. 그때는 그럴 수밖에 없었다는 거죠. 칸트가 살던 시대에는 사람들이 동양에 대해 잘 몰랐다. 그러니 칸트가 동양을 언급했다는 것 자체가 영광 아니냐는 반응도 있었습니다. 이런 이야기들이 『오리엔탈리즘』 이후로 수도 없이 쏟아졌어요.

이스라엘의 팔레스타인 침략과 오리엔탈리즘

원래 『오리엔탈리즘』의 중심 내용은 '중동을 침략하여 식민지화한 서양이 중동을 어떻게 왜곡했는가?'입니다. 사실 우리는 여기에 대해 아는 게 별로 없어요. 우리나라 사람들은 기본적으로 중동에 관심이 없습니다. 석유 많이 나는 나라, 먼 나라죠. 그런데 이게 사실은 남의 일이 아니거든요. '오리엔트'의 범위가 굉장히 넓지 않습니까? 중동은 물론, 우리나라와 일본, 중국 같은 동아시아를 포괄하는 개념이죠.

서양인들이 쓰는 '오리엔트'라는 말은 우리가 쓰는 '동양'과 그 개념이 조금 다릅니다. 서양이 아니면 전부 오리엔트예요.

그러니까 동양보다는 '비서양'에 가까운 개념입니다. 그래서 미국에서 이 책이 처음으로 출판되자, 비서양 나라 사람들이 이 책을 모델 삼아 책과 논문을 씁니다. 예를 들면 서양 사람들이 중동 여성들의 복장을 여성 차별이라고 비난하는데, 서양의 하이힐은 왜 그런 비판을 안 받는냐 같은 비서양에 관한 서양인들의 차별적 인식을 비판하는 내용들이 쏟아져요.

오리엔탈리즘은 세계에서 벌어지는 다양한 현상을 동양인의 시각에서 잘 이해할 수 있게 도와줍니다. 예컨대 지금 중동에서 벌어지는 이스라엘의 잔혹한 전쟁 행위도 잘 설명할 수 있어요.

이스라엘이 팔레스타인을 침략하자 세계 여러 나라가 충격에 휩싸입니다. 그러나 정작 강대국 미국은 침묵하거나 은근히 이스라엘 편을 들어요. 한국도 여기에 가세합니다. 저는 이런 현상 뒤에는 '오리엔탈리즘'이 숨어 있다고 봅니다. 에드워드 사이드가 바로 팔레스타인 출신이에요. 1935년에 예루살렘에서 태어났습니다.

오랫동안 그곳은 팔레스타인 땅이었습니다. 그러다 제2차 세계 대전이 끝난 뒤인 1948년 별안간 이스라엘이라는 나라가 나타나 그곳이 자기들 땅이니 나가라고 합니다. 결국 에드워드 사이드를 비롯해 수백만 명의 팔레스타인 사람들이 추

왜 우리는 차별과 혐오에 지배당하는가?

방당합니다. 나라 없는 민족으로 세계를 유랑하거나, 어쩔 수 없이 그곳에 남아 창살 없는 감옥에서 살고 있어요. 강제로 팔레스타인 땅을 빼앗은 것도 부족해서 2007년부터는 국제 사회의 중재로 팔레스타인 지역으로 인정받은 가자^{Gaza} 지구에 높이 8미터에 이르는 장벽을 둘러칩니다. 이른바 봉쇄 작전이에요. 그렇게 외부와 완전히 격리된 상태에서 지금껏 살아오고 있어요. 바로 우리가 잘 모르는 '가자 사태'의 본질입니다. 이들의 고통은 이루 말로 다 할 수가 없을 정도예요.

팔레스타인 사람들 입장에서는 당연히 불만이 클 수밖에 없죠. 더는 이렇게 못 살겠다고 들고일어서면 그걸 또 빌미 삼아 미사일 공격을 해요. 여러분은 아마도 '하마스'라는 단체를 테러리스트쯤으로 알고 있을 거예요. 하지만 실상은 저항 단체입니다. 저렇게 자국민을 괴롭히는데 가만히 있을 사람들이 누가 있겠습니까. 그럼에도 미국을 위시한 서양 대부분 나라들은 일방적으로 이스라엘 편을 듭니다. 유력 언론들도 그들의 주장을 고스란히 전할 뿐이에요. 어디에도 팔레스타인 사람들의 고통과 절규를 찾아볼 수 없습니다. 우리나라 언론도 마찬가지예요. 비서양인을 야만인, 죽여도 상관없는 열등한 종족으로 보는 전형적인 오리엔탈리즘입니다.

이러한 인식은 서양인들의 정신세계를 지배하고 있는 성경에도 나타납니다. 구약 성경 이사야 예언서에 보면 다음과 같은 구절이 나옵니다. "여러 민족이 이스라엘 사람의 귀향을 도울 것이며, 이스라엘 백성은, 주님께서 주신 땅에서 외국 사람을 남종과 여종으로 부릴 것이다. 이스라엘은 자기들을 사로잡았던 자들을 사로잡고, 자기들을 억누르던 자들을 다스릴 것이다."_{이사야 14:2, 새 번역}

여기 나오는 '외국 사람'이 누구일까요? 바로 그들이 보기에 자기들과 다른 이민족입니다. 지금 팔레스타인 땅에서 일어나는 탄압이 연상되지 않습니까? 팔레스타인 자치 구역인 가자 지구에서 일상적으로 벌어지는 일입니다. 여기에는 서구인들의 오리엔탈리즘이 작동하고 있어요. 미국을 위시한 유럽의 나라들은 이스라엘 편을 듭니다.

2018년 도널드 트럼프 전 대통령은 텔아비브에 있던 이스라엘 미국 대사관을 예루살렘으로 옮깁니다. 이건 예루살렘을 이스라엘 땅으로 인정한다는 뜻이었어요. 예루살렘은 유대교, 기독교, 이슬람교 등 세계적인 종교의 성지예요. 팔레스타인과 이스라엘 간 소유권을 두고 계속해서 분쟁이 있어왔습니다. 국제 사회는 물론 미국도 트럼프 이전까지만 해도 유보적인 태도를 취해왔어요. 그런데 이때 딱 이스라엘 손을 들어준 거예요. 그러면서 다시 긴장이 고조되기 시작하죠.

그래서 어떻게 보면 서구 사회의 뿌리 깊은 오리엔탈리즘, 대항해 시대를 지나 소위 '신대륙 발견' 이후 벌어진 식민주의의 기본 아이디어가 구약 성경부터 시작된 것은 아닌가 하는 생각이 듭니다.

문화를 지배하는 서양 중심주의

내가 아닌 다른 사람은 무시해도 된다, 경멸하거나 억압하고, 심지어 죽여도 된다고 생각하는 게 바로 오리엔탈리즘적 인식입니다. 다른 민족, 즉 이민족을 사람 취급하지 않아요. 그러니 마음대로 노예로 부리고 죽인 것 아니겠습니까. 나는 훌륭하고 깨끗하며 위대한데 너는 그렇지 못하다. 야만이고 어리석음이니 차별받아 마땅하다고 생각하는 겁니다. 이게 개인적인 차원에 그치지 않고 종교, 정치, 경제, 사회, 문화 전 방위에서 벌어지고 있는 거예요. 이것이 에드워드 사이드가 말한 오리엔탈리즘입니다.

그런데 제가 이 책을 번역한 지 얼마 안 되어 어느 교수가 제목을 '동양론' 혹은 '동양주의'로 해야 하지 않겠느냐고 해요. 오리엔탈리즘을 그대로 둔 게 마음에 들지 않았나 봐요. 하지만 그렇게 되면 뜻이 완전히 왜곡됩니다. 비서양에 대한 혐오를 '동양주의'로 번역할 수는 없잖아요.

그러면 서양인들의 눈에 비친 동양, 즉 오리엔탈리즘이 어떻게 외부적으로 드러나는지 사례를 한번 살펴보겠습니다. 몇 장의 그림을 볼까요. 우선 원서의 책 표지가 있습니다.

장-레옹 제롬Jean-Léon Gérôme이라는 화가의 1870년 작 〈뱀 부리는 사람The Snake Charmer〉입니다. 당시 유럽에서 유행하던 오리엔탈리즘 미술의 전형이라고 평가받는 작품입니다. 벌거 벗은 소년이 비단뱀을 감고 춤을 추는 장면을 담고 있어요. 그 앞으로 아랍의 족장쯤으로 보이는 사람이 이를 감상하고 있 네요. 제롬은 이처럼 그들의 눈에 비친 동양의 이미지를 묘사 했어요. 그의 그림에는 노예로 팔려나가는 중동 여성의 나체 가 자주 등장합니다.

프랑스 신고전주의를 대표하는 화가 장 오귀스트 도미니크 앵그르의 1862년 작 〈터키탕Le Bain Turc〉은 여성들이 목욕하는 장면을 담고 있는데요, 왜 '터키'라는 이름이 붙었을까요. 아 무리 봐도 백인 여성들인데 말이죠. 동양에 대한 서양인들의 판타지를 반영하고 있다는 생각이 듭니다. 야수파 화가 앙리 마티스의 1909년 작 〈알제리의 여인들(Femmes d'Alger)〉도 비슷 합니다. 관능적인 이미지로 그려진 이 그림 역시 동양을 보는 서양인들의 왜곡된 시선을 반영합니다. 이러한 작품들에는 공통적으로 오리엔탈리즘이 드러납니다. 서양 남성들의 욕망을 반영하면서 동양을 성적으로 대상화한 거예요.

　이번에는 영화로 건너가 보겠습니다. 미국 에드거 라이스 버로스의 소설 『타잔Tarzan of the Apes』은 애니메이션, 영화로도 제작된 작품인데요. 백인 남성이 밀림을 누비며 모험을 펼치는 이야기입니다. 여기에는 문명사회인 서양과 비문명 사회인 동양이라는 이분법이 등장하죠. 오리엔탈리즘의 원형 격인 작품입니다. 할리우드에서 크게 히트한 〈인디아나 존스〉도 마찬가지죠. 타잔의 현대 버전이라고 할 수 있습니다. 이 영화에는 다양한 동양 악당들이 그야말로 야만인다운 캐릭터로 등장합니다.

　2007년 개봉한 영화 〈300〉도 빼놓을 수 없죠. 스파르타 군인 300명이 100만 페르시아 군대를 무찌르는 얘기입니다. 그런데 영화에 등장하는 페르시아 왕 크세르크세스는 중동에서 역사적으로 우리나라 세종대왕만큼이나 존경받는 인물입니다. 그런 사람을 기괴한 악당으로 묘사했으니 얼마나 모욕적이었겠어요. 할리우드의 영화 산업을 움직이는 것은 결국 자본입니다. 유대인들이 여기에 큰 영향력을 발휘해요. 미국 우익 정치와도 연결됩니다.

셰익스피어는 제국주의자인가

영국 작가 J. R. R. 톨킨의 『반지의 제왕The Lord of the Rings』 시리즈가 처음 나온 게 1954년입니다. 당시 작품에는 '오크'라는 종족이 등장합니다. 아주 흉측하게 생긴 악당 캐릭터들이죠. 그런데 소설을 보면 오크를 "눈이 찢어진 몽골인"으로 묘사합니다. 당시 영국은 전형적인 백인우월주의 나라였어요. 제가 1980년대 중반에 영국에서 잠시 머문 적이 있는데요. 방송국과 대학에 가보니 정말 백인들밖에 안 보이더군요. 유색인종은 새벽에 일하는 환경미화원이나 심야 편의점 정도에서 가끔 만나는 사람이 다였어요. 그러니 50년대에는 오죽했을까 싶습니다. 오리엔탈리즘이 큰 영향을 끼쳤겠죠.

영국이 아끼는 작가 셰익스피어의 작품에도 오리엔탈리즘의 흔적을 발견할 수 있었습니다. 제가 『오리엔탈리즘』을 번역하고 나서 쓴 책이 2005년도에 출간된 『셰익스피어는 제국주의자다』였어요. 그의 작품에 드러난 오리엔탈리즘적 차별과 제국주의적 시각을 비판했어요. 그리고 나서 욕을 많이 먹었습니다. 아시다시피 셰익스피어는 영문학자들이 신봉하는 작가잖아요. 우리나라에서 영문학 전공하신 분이라면 실감하실 거예요. 세계 최고의 작가로 인정받고 있습니다. 하지만 다른 생각도 있을 수 있죠. 저처럼 근거를 갖고 비판하는 사람도 필요하다고 생각합니다.

에드워드 사이드가 『오리엔탈리즘』에서 비판한 수많은 서양 고전들은 지금도 여전히 떠받들어지고 있어요. 그만큼 서양 중심주의의 아성이 견고하다는 뜻이겠지요. 그런데 하필 셰익스피어는 빠져 있더군요. 그래서 제가 그 일을 했습니다. 에드워드 사이드에게 보답하는 마음으로요.

에드워드 사이드는 『오리엔탈리즘』에서 방대한 작품과 작가를 다룹니다. 작가와 평론가는 물론 철학자, 음악가, 미술가 등의 작품에 드러난 오리엔탈리즘을 비판해요. 그들의 학문적·문화적 기여를 폄훼하려는 게 아닙니다. 그 가치를 무시할 수는 없지만, 그들이 동양에 대해서 품었던 생각과 관점을 우리가 기억할 필요가 있다는 거예요. 더구나 우리는 서양인이 아닙니다. 그럼에도 그들의 눈으로 우리 자신을 바라보고 있어요. 그래서 더더욱 오리엔탈리즘은 중요한 주제입니다.

인류 문화는 차별이 아닌 자유롭고 대등한 관계에서 이루어져야 합니다. 그게 진정한 휴머니즘이에요. 이러한 기반 위에 진정한 학문과 문화 예술이 나옵니다. 이게 바로 에드워드 사이드가 『오리엔탈리즘』에서 하고자 한 말이에요. 그래서 우리가 오리엔탈리즘을 말한다고 해서 스스로 비하하는 게 아닙니다. 오히려 자기 관점과 중심을 세우는 일이에요.

우리가 지금껏 배워온 위대한 사상가, 예술가들이 우리 같은 동양인들을 편견을 가지고 바라보았다고 생각하면 착잡한 마음이 들 수 있습니다. 그래서 저는 오히려 변방에 있던 지식인을 재발견하곤 해요.

제가 좋아하는 중국 학자 중에 허행이라는 사람이 있습니다. 초나라에서 활동했던 인물인데요. 이 사람이 『맹자』에도 잠깐 등장해요. 거기 보면 허행이 임금이 대체 뭐길래 자기는 농사를 안 짓고 백성들이 힘들게 수확한 쌀이나 빼앗아 먹고 사느냐고 비판을 해요. 대단한 사람이죠. 당시 우리가 아는 공자나 맹자 같은 사람들은 어떻게 하면 좋은 왕을 만들어서 태평성대를 만들까 고민하던 사람들이잖아요. 그 앞에 대고 왕을 되려 도둑놈 취급했으니 지금 시각에서 보더라도 무척 파격적이었던 거죠. 허행이 이렇게 말하니 맹자는 분업론, 그러니까 임금이 할 일, 농사꾼이 따로 할 일이 있다는 논리로 비판합니다. 여러분이 보기엔 어떠세요. 누가 더 진보적으로 보입니까?

고대 그리스에도 허행과 비슷한 사람들이 있었습니다. 흔히 '소피스트'라 불리던 사람들이었죠. 우리는 그들을 궤변가쯤으로 이해하지만 사실은 대단한 민주주의자들로 자유와 평등에 대해 고민했던 사람들입니다. 반면에 소크라테스나 플라톤, 아리스토텔레스는 노예제를 정당화하고 철인이 왕이 되어 독재를 해도 좋다고 설파하던 사람들이었습니다.

저는 특히 디오게네스라는 철학자를 좋아하는데요. 멀쩡한 집도 아닌 통 안에 살면서 알렉산더 왕에게 해 가리니까 비키라고 말했던 일화로 잘 알려졌죠. 이 인물은 이른바 세계시민주의자였습니다. 코스모폴리터니즘이라고 하는 사상을 처음 주창했어요. 일체의 위선이나 가식에서 벗어나 자유로운 삶을 지향했어요. 그는 침략이나 지배나 소유를 철저히 거부합니다. 저는 이러한 태도가 지금과 같은 서구적 사상에 어떤 견제 역할을 할 수 있었다고 봐요. 적어도 나와 다른 사람이라고 해서 야만인으로 비하하거나, 침략하거나 억압하는 행위를 정당화하지는 않으니까요.

오늘날 우리가 동경하는 서구 사회는 침략과 식민을 기반으로 만들어졌습니다. 과거 대항해 시대 이후의 역사가 이를 증명해요. 그동안 수많은 사람이 죽었습니다. 뉴질랜드, 호주, 캐나다, 미국 원주민이 얼마나 어떻게 죽어갔는지 아무도 몰라요. 분명한 것은 원래 그 땅에 살던 사람들 중 살아남은 사람들은 소수에 불과하고 그마저도 보호 구역 등에서 근근이 산다는 사실입니다.

오리엔탈리즘은 '구분'에 기초합니다. 서양과 비서양, 문명과 야만, 백인과 유색인으로 나누죠. 앞엣것은 선이고 뒤엣것은 악입니다. 피부색으로 선과 악을 구분하는 야만이 저질러지는 거예요. 이러한 오리엔탈리즘은 동양인인 우리에게도 내면화되어 있습니다. 그래서 알게 모르게 색안경을 끼고 우리 자신, 혹은 다른 나라 사람들을 보게 돼요. 우리 안의 오리엔탈리즘을 고민해야 합니다.

우리의 눈으로 평화 바라보기

오리엔탈리즘의 해악은 세계를 왜곡된 시각으로 바라보게 하는 데 그치지 않습니다. 그 결과 평화로운 공존을 어렵게 해요. 다시 이스라엘과 팔레스타인 이야기를 해보겠습니다. 지금은 분쟁 지역이 되었지만, 과거 팔레스타인 땅에는 유대 민족을 비롯해 여러 민족이 평화롭게 살았어요. 아무 문제가 없었습니다.

그런데 예수 탄생을 전후로 유대인들이 소위 디아스포라라고 해서 지중해에 있는 스페인이나 이탈리아를 비롯해 유럽 전역으로 흩어집니다. 당시 유대인들이 고리대금업에 종사했다는 건 잘 아실 거예요. 성경은 고리대금업을 금지합니다. 그래서 기독교 사회에서는 돈놀이를 못 합니다. 그런데 유대인들은 기독교도가 아니었거든요. 많은 분이 착각을 하시는 게 유대교는 기독교와는 다른 종교입니다. 그래서 여러분도 잘 아시는『베니스의 상인』에 샤일록 같은 유대인이 등장하게 되는 겁니다. 이들은 서구 사회가 16~17세기 이후 자본주의로 발전하는 과정에서 중요한 역할을 해요.

돈이 돌아야 자본주의가 발전하잖아요. 중세가 저물면서 기독교가 쇠퇴하고 은행이 생깁니다. 이제 유대인이 아닌 기독교인들도 금융업에 뛰어들 수 있었어요. 하지만 오랫동안 그 일을 해온 유대인들이 주도권을 갖고 있었습니다. 19세기 말까지 유대인은 금융계의 큰손이었습니다. 그러다가 이들에 대한 탄압이 시작되는 거죠.

여러분이 잘 아시는 유대인 학살, 이른바 홀로코스트는 히틀러의 집권 이후에 발생합니다. 물론 그전에도 여러 징조가 있었습니다. 1894년에 프랑스에서 일어났던 드레퓌스 사건이 그랬죠. 드레퓌스는 유대인이었습니다. 프랑스 군인인데 이 사람이 독일 스파이라는 누명을 쓰고 유배를 당해요. 결국은 에밀 졸라 같은 문인이 「나는 고발한다」라는 글을 쓰고 이를 기점으로 프랑스 지식인들이 들고일어나면서 누명을 벗게 되지요.

19세기 후반은 제국주의가 횡행하던 때였습니다. 우리는 보통 제국주의는 나쁜 거지만 민족주의는 그렇지 않다고 생각하는데, 서구 역사를 보면 민족주의가 확대되면서 제국주의가 됩니다. 신분 계급이 해체되면서 사람들을 하나로 묶을 이데올로기가 필요해진 상태에서 '민족'이 등장한 겁니다. 그래서 독일 민족, 프랑스 민족이 하나로 뭉치자는 이데올로기가 생깁니다. 그러면서 제국주의로 발전하는 겁니다. 제국주의는 식민주의의 발판이 됩니다. 우월한 민족이 열등한 민족을 지배하는 게 당연해지는 거예요. 세계 곳곳에서 제국주의자들의 식민지 수탈이 벌어집니다. 그러다 충돌이 생기죠. 그 결과가 바로 세계 대전입니다. 두 차례에 걸친 세계 대전의 본질은 식민지를 두고 벌어진 제국주의 국가들 간의 싸움이에요.

1896년에 오스트리아-헝가리 제국의 유대인 저널리스트이자 정치학자인 테오도어 헤르츨Theodor Herzl이 『유대 국가』라는 책을 씁니다. 드레퓌스 사건을 보고 '이래서는 유럽에서 유대인이 살아남지 못하겠구나. 우리도 우리만의 나라를 세우자'고 생각했던 겁니다. 그전까지만 해도 유대인들은 국가 개념이 없었어요. 유대인 중에 유독 아나키스트들이 많습니다. 저는 예수도 아나키스트라고 생각해요. 세상 모든 사람이 자유롭고 평등하게 살기를 원했던 사람이잖아요. 역사적으로 유대인들은 유랑 민족이었습니다. 수천 년 동안 세계 이곳저곳을 떠돌았습니다.

그러다 보니 코스모폴리터니즘적인 생각을 가진 사람들이 많습니다. 스피노자부터 시작해서 한나 아렌트까지. 정말 자유롭고 평등한, 진보적이면서 진취적인 사고를 가진 유대인 사상가들이 참 많습니다. 그러다 19세기가 되면서 '유대 국가'라는 아이디어가 나오고, 이후 이스라엘의 건국으로 이어지죠. 그래서 지금도 이스라엘을 싫어하는 유대인들이 굉장히 많습니다. 한나 아렌트가 대표적인 사람이었어요. 그는 민족주의가 갈등과 충돌을 유발한다며 유대 국가 건설을 반대했습니다. 대신 세계 공동체주의, 즉 평화로운 공존을 주장했죠.

처음 '유대 국가' 후보로 나온 지역은 아프리카 우간다였습니다. 영국 식민지이던 그곳에 유대 국가를 세우자는 주장이 있었고 이 밖에도 남미 지역이 후보로 떠올랐어요. 영국은 1·2차 세계 대전을 치르면서 전쟁 비용이 부족했습니다. 그래서 유대인들을 유혹하기 시작했어요. 그들의 돈을 끌어들이기 위해 당시 점령지였던 팔레스타인 땅을 제공하겠다고 약속합니다. 그런데 문제는 영국이 교활하게도, 유대인하고만 이런 약속을 하지 않았다는 겁니다. 아랍 사람, 팔레스타인 사람에게도 이중 삼중으로 그 땅을 내주겠다고 약속합니다.

19세기 말만 해도 팔레스타인에는 유대인들이 거의 살지 않았어요. 일부 지역에서 소수가 살았습니다. 그러다 20세기 초부터 유대인들이 밀려들어 옵니다. 1948년 건국 당시만 해도 팔레스타인 지역의 5% 정도를 차지하고 있었습니다. 인구도 100만 명이 채 안 됐어요. 당연히 팔레스타인 사람들 땅과 인구가 훨씬 컸죠. 그러다 미국과 유럽을 등에 업은 이스라엘이 전쟁으로 땅을 빼앗아 가며 지금에 이른 겁니다. 하필 팔레스타인이 이스라엘의 땅이 된 데는 미국과 유럽의 이해관계가 있습니다. 중동의 석유가 필요했기 때문이에요. 서구와 사이가 안 좋은 중동 나라가 석유 수출을 봉쇄할 것을 우려해 일종의 알 박기를 한 겁니다. 지정학적으로 교두보를 삼은 거예요. 그 역사가 지금껏 이어지고 있는 것입니다.

『오리엔탈리즘』이 처음 출간된 게 1978년입니다. 우리나라에는 1991년에 소개되었어요. 이후로 파장도 컸고 여러 비판도 있었습니다만, 오늘날에도 여전히 유효한 문제의식이라는 사실에는 변함이 없다고 생각합니다. 제가 보기에는 대한민국은 세상 그 어느 나라보다도 오리엔탈리즘에 젖어 있는 나라입니다. 식민지를 겪은 동양의 분단국가로서, 가장 오리엔탈리즘을 배척해야 할 나라가 오히려 여기에 빠져 있는 거예요. '오리엔탈리즘'이라는 개념으로 우리 삶과 문화, 정치와 학문을 비판적으로 살펴볼 필요가 있습니다. 문제를 새롭게 바라보면 해법도 달라집니다.

지금 중동에서 벌어지고 있는 전쟁을 '오리엔탈리즘'이라는 키워드로 해석하다 보면 우리 문제, 즉 한반도의 위기 상황을 헤쳐 나갈 방법도 찾을 수 있지 않을까요?

학교에서 인권을 왜,
어떻게 가르쳐야 하나?

구정화

❀ 구정화

서울대학교 사범대학 사회교육학과를 졸업하고 동 대학원에서 박사학위를 받았다. 1998년에 공주교육대학교 교수를 시작으로 하여 2002년부터 경인교육대학교 사회과교육과 교수로 재직 중이다. 『청소년을 위한 사회학 에세이』, 『청소년을 위한 인권 에세이』, 『청소년을 위한 사회평등 에세이』 등을 펴냈고, 『통합 사회』, 『사회』, 『사회·문화』 등 다수의 교과서를 집필했다.

학교에서 인권을 왜,
어떻게 가르쳐야 하나?

안녕하세요? 인권과 인권 교육에 관심을 가진 여러분을 만나 반갑습니다. 제 정체성과 관련한 여행을 여러분과 같이하면서 모두의 인권이 존중되는 세상과 이를 위한 인권 교육에 관해 이야기해보겠습니다. 저의 정체성과 관련한 여행을 같이 가볼까요? 이 여행은 현재 저의 정체성을 가지고 다른 시기, 다른 장소로 이동해보는 것입니다. 여러분도 같은 경험을 상상해보시기 바랍니다. 우선 고려 말로 가겠습니다. 제 조상의 계보를 따라가 보면, 고려 말에 중국에서 고려로 이주한 것으로 되어 있었습니다.

인류사는 인권 확장의 역사

역사적으로 고려 말에 한반도로 이주한 사람의 후손은 많은 편이니, 여러분 중에서도 저와 같은 경우가 있을 것입니다. 당시 고려가 이주민에게 적대적이지 않았다고는 하지만, 많은 경우 자신의 고향을 떠나온 이주민은 차별로부터 완전히 자유롭지 못했습니다. 그러니 저도 고려 시대에 살았다면 이주민이라는 정체성으로 어려움을 겪었을 가능성이 있습니다. 또 다른 시기, 왜란과 호란을 경험한 후의 조선으로 가겠습니다. 당시 여성의 외부 활동은 극히 제한적이었습니다. 당시라면 제가 이렇게 여러분 앞에 서서 이런 강의를 하는 것 자체가 불가능했을 것입니다.

이번엔 19세기 초 영국으로 갑니다. 당시 영국에서 선거권은 남성 귀족과 부르주아 집단에게만 주어졌기에, 제가 남성이었더라도 선거권이 없었을 것입니다. 당시 노동자들이나 여성들이 선거권을 요구했을 때, 정치할 만한 인지적 능력이 안 되는 사람이라는 혐오 표현을 들었습니다.

이제 우리 시대로 돌아와 봅시다. 짧은 정체성 여행에서 경

왜 우리는 차별과 혐오에 지배당하는가?

험한 편견과 차별, 그리고 혐오 표현 중 현재 사라진 것이 많습니다. 그러나 어떤 사람들은 여전히 경험하는 고통이고 문제입니다. 새로운 정체성 차별, 혐오 표현을 경험하는 사람도 있습니다.

다만 예전과 달라진 점이 있습니다. 과거보다 더 많은 사람이 존엄한 인간으로서 인권을 누리고 있으며, 인권을 보장하는 제도도 이전보다 확장되었다는 점입니다. 이렇게 보면, 인류의 역사는 인권이 확장되어온 역사고, 더 많은 사람이 인권을 보장받아온 역사라고 할 수 있겠죠.

그렇다면 질문을 하나 던져보겠습니다. 이러한 역사는 그냥 이루어진 것일까요? 그렇지 않습니다. 여러 사람의 노력으로 나타난 것이지요. 대체로 당시 사회적 약자나 소수자가 자신이 보장받지 못했던 인권을 보장해달라는 운동을 하면서 개선되었습니다. 그들의 인권 요구와 그에 걸맞은 사회 변화를 위한 노력의 결과로 관련 제도 변화가 일어난 덕분에 우리가 다양한 인권을 누리고 있습니다.

그런 점에서 보면, 지금 우리가 당연하게 누리는 많은 인권의 세부 사항들은 역사적으로 수많은 사람의 노력 덕분입니다. 이를 고려하면 상당한 인권을 당연히 누리는 우리는 다음과 같은 생각을 해보아야 하지 않을까요? 우선 자신이 인권을 충분히 누리는지에 대해서 살펴보아야 합니다. 존엄한 인간으로서 살아가고 있는지 자신의 삶을 성찰해보아야 합니다.

더 나아가 나와 동시대를 살아가는 타인의 인권에 대해서도 책무성을 가져야 합니다. 특히 사회적 약자나 소수자의 인권 주장에 관심을 가져야 합니다. 누군가 자신의 인권을 요구하는 주장을 한다면 '왜 저런 주장을 하지?' 하며 편견을 가지고 보는 대신 그 주장에 귀를 기울여야 합니다. 더구나 혐오 표현은 하지 말아야 하겠지요. 더 나아가 나와 다른 사람의 인권 보장이 되지 않는 부분이 있다면 그에 대한 개선을 요구해야 합니다.

이를 위해서 필요한 것이 인권 감수성입니다. 인권 감수성은 우리가 살아가는 사회의 다양한 현상에 대해 인권의 가치를 고려하면서 그 현상을 바라보고, 인권적으로 문제가 있다면 이를 개선하려는 것을 말합니다. 많은 선진국에서는 일상에서 사람들이 인권 감수성을 가지고 인권 문제 개선을 요구하고 인권 보장을 위한 다양한 제도를 도입하면서 사회를 발전시켜가고 있습니다.

시민으로서의 삶을 알리는 인권 교육

우리나라도 크게 보면 이런 역사를 만들어왔습니다. 그러나 다른 선진국에 비해 민주주의 제도를 도입하고 실천해온 역사가 짧은 우리나라에서는 여전히 인권과 관련한 요구나 주장에 대한 반발이나 저항이 나타납니다. 인권 감수성을 적용하여 사회 현상을 이해하는 것이 일상화되지 않은 경우도 자주 봅니다. 이런 점에서 인권 보장과 관련한 제도 개선도 중요하지만, 많은 사람이 인권에 대해 긍정적으로 인식하고 일상에서 인권 감수성을 적용할 수 있도록 교육하는 것도 필요합니다.

'시민으로서의 삶'을 교육하는 학교에서 당연히 인권 교육이 이루어져야 합니다. 종종 학교 인권 교육을 반대하는 사람들을 봅니다. 그들은 자라나는 학생들에게 인권보다 공동체 의식과 사회적 책임감을 가르치는 것이 더 중요하다면서, 인권 교육을 반대합니다. 이런 주장에는 '학생이 인권을 배우면 자신의 권리만 주장하는 사람이 되어, 사회적 책임을 외면하고 나아가 공동체를 파괴할 것'이라는 전제가 있습니다. 또한, 개인의 인권보다는 공동체 유지가 더 중요하다는 인식이 깔려 있습니다.

정말 그럴까요? 그렇지 않습니다. 일단 인권은 인간이 존엄한 삶을 살기 위해 누려야 하는 당연한 권리인데, 이는 우리 헌법에서 강조하는 기본 가치입니다. 오늘날 많은 나라의 헌법은 인간 개인의 존엄성을 위해 국가가 보장해야 하는 기본권 등 다양한 권리 목록을 포함하고 있습니다. 유럽의 시민 혁명 시기 이후 등장한 것으로 당연히 우리 헌법에도 반영되어 있죠.

나아가, 많은 선진국에서 인권은 사회 갈등이 생기거나 사회 문제가 생기면 그것을 해결하는 기본적인 가치로 작동합니다. 특히 개인의 정체성 인정이나 다양성이 더욱 강해지는 현대 사회에서 사회 갈등을 해결하는 기준으로 인간 존엄성과 인권의 역할은 더 중요해지고 있으며, 특히 사회적 약자나 소수자의 권리를 강조합니다. 이런 점을 고려하면 인권은 학생 개인을 위해서만이 아니라 우리 사회의 발전을 위해서도 학교에서 배워야 할 중요한 교육 내용이 되어야 합니다.

제가 어딘가에서 강의하면서 인권 교육이 필요하다고 했더니, 청중 중에 "학생들에게 사회를 위해 희생하는 법을 가르쳐야 하는데, 왜 그렇게 자기주장만 하는 사람을 만들려고 하느냐?"는 비판을 받은 적이 있습니다. 현재 우리 사회 구성원 대부분이 자신의 권리를 주장하고, 이를 당연하다고 생각합니다. 그렇다면 우리 사회 구성원 모두 사회를 위해 희생하지 않는 무책임한 사람인가요? 그렇지 않죠. 많은 연구자들이 인권을 이해하고 인간 존엄성을 인식하게 되면 자신은 물론 타인의 권리를 존중하게 된다고 이야기합니다.

인권을 배우고 인간 존엄성의 중요성을 알게 되면, 다른 사람의 권리도 소중히 여깁니다. 만약에 인권 교육을 받고도 다른 사람의 권리를 침해하고 자신의 권리만 주장하면서 사회적 문제를 만들어낸다면, 그것은 제대로 된 인권 교육을 하지 않아서 나타난 결과가 아닐까 하는 생각을 해보아야 합니다. 인권 교육 전문가들은 사람들이 처음 인권에 관해 배우면 자신의 권리를 우선 주장하지만, 결국에는 인권 감수성을 함양하면서 사회 전반의 인권 문제에 관심을 갖고 다른 사람들의 인권을 존중하는 태도를 기르고 실천한다고 이야기합니다.

그렇다면 인권 교육을 제대로 한다는 것이 무엇인지에 대해서 같이 생각해보아야 할 것 같습니다. 우선, 여러 학자가 논의하여 제시한 인권 교육의 특징을 살펴봅시다.

첫째, 인권 교육은 학습자의 삶의 경험을 바탕으로 인권의 필요성과 방향을 가르칩니다. 이 특징은 모든 교육에서 기본적으로 적용되는 것인데, 인권 교육에서 특히 강조하고 있습니다. 이 특징을 고려하면, 인권 교육은 학습자의 일상 경험과

연계하여 수업을 구성할 필요가 있습니다. 이를 위해서는 학생의 경험에 관한 사례를 찾아야 하는데, 대부분이 가정이나 학교에서 경험하는 인권 문제 상황일 것입니다.

예를 들어 학생들의 교복에 붙이고 뗄 수 있도록 비고정형 이름표를 사용하는 것도 학생들의 개인 정보라는 권리를 보호하기 위한 것입니다. 이런 사례를 많이 찾기가 쉽지 않죠. 일상과 관련한 사례라도 현재 제도를 개선해야 하는 것이어서, 다루기가 꺼려지기도 합니다.

결국, 이런저런 이유로 외국의 아동이나 청소년이 경험하는 사례를 제시하는 경우가 많습니다. 예를 들어 유엔아동권리협약 제31조에서 말하는 아동의 놀 권리나 쉴 권리를 보장하지 못하는 사례로, 다른 나라의 아동 노동을 제시합니다. 여러분이 보시기에 이 사례는 학생의 경험을 고려한 것일까요? 일단 고민해보시기 바랍니다.

둘째, 인권 교육에서는 사회적 약자와 소수자의 권리를 고려하여 인권 문제나 상황을 파악하도록 해야 한다는 것을 강조합니다. 인권이 보편적 권리라는 점에서, 처음 인권을 가르칠 때는 모든 사람의 존엄함을 위한 보편적 권리로서 인권의 특성을 알립니다. 그러나 여기서 머물지 않고 더 나아가 사회적 약자나 소수자의 관점을 고려할 수 있도록 가르쳐야 한다는 것입니다.

이를 중요하게 여기는 이유는 무엇일까요? 우선, 앞에서 설명한 것처럼 인류의 역사가 인권이 확장되고 인권을 누리는 사람이 많아진 역사라는 점을 고려해봅시다. 현재 기득권층이나 주류 집단이 사회적 약자나 소수자에 비해 인권의 세부 내용을 더 많이 누리기에, 사회적 약자나 소수자의 인권에 더 관심을 가져야 합니다. 또한 인권 관련하여 현재의 사회 문제를 해결하는 제도를 도입하는 의사 결정을 할 때, 주류 집단의 목소리가 더 강하게 반영된다는 점도 고려해야 합니다. 모두를 위한 인권 보장을 위해서는 제도 도입에서 목소리를 제대로 내지 못하는 사회적 약자나 소수자의 관점과 주장을 더 고려해야 합니다.

개인이 아닌 구조의 문제

일반적으로 소수자의 인권 문제를 해결하기 위한 제도 도입 관련 기사를 보면, 댓글에 "왜 사회적 공헌을 하지 않는 사회적 약자나 소수자에게 더 많은 인권을 제공하느냐?", "자기가 게으르고 열심히 살지 않아서 사회적 약자가 된 사람들을 왜 세금으로 지원해주느냐?"라는 의견이 제시되는 경우가 있습니다. 이런 의견은 사회적 의사 결정이 주류 집단을 중심으로 이루어지기에, 그 결과로 사회적 약자나 소수자가 발생하는 측면을 고려하지 못해서입니다. 인권 교육을 통해서 이런 잘못된 인식을 변화시켜야 할 필요가 있습니다.

셋째, 바로 위에서 제시한 인식의 변화를 위해, 인권 교육에서는 인권 문제 해결에서 사회 구조적 측면을 고려하여 사회 변화를 이끄는 경험을 강조해야 합니다. 여기서 말하는 사회 구조적 측면을 고려한다는 것부터 살펴봅시다. 초등 교원을 양성하는 교육대학교에서 특정 기간에 학생 몇 명이 대학의 도서관에서 초등학교 교과서를 훔치는 일이 일어난 사례를 생각해봅시다. 대학 도서관에서 교과서를 훔친 행위는 학생 개인 문제일까요? 도서관 운영의 제도 문제일까요?

도서관에서 책을 훔치는 것은 잘못된 행위이니, 개인의 부도덕성에 초점을 두어 벌을 줄 수 있습니다. 그러나 다르게 생각해보겠습니다. 그들에게 책을 왜 훔쳤느냐고 물었더니, 이렇게 이야기를 합니다. "초등학교 교과서를 보고 수업 지도안을 작성해내는 과제를 해야 하는데, 시중에서 교과서를 판매하지 않고, 도서관에서 외부 대출도 되지 않습니다. 내일 아침에 과제를 내야 하는데 다른 일로 바빠서 늦게 도서관에 갔는데, 폐관 시간까지 과제를 마치지 못했습니다. 그래서 교과서를 몰래 잠시 가져갔다가 다음 날 아침 일찍 반납할 생각이었습니다. 훔치려는 생각은 전혀 없었습니다." 요즘은 시중에서 교과서를 판매합니다만, 예전에는 초등학교 교과서 대부분이 국정 교과서여서 일반인에게 판매하지도 않았고 교육대학교의 경우도 대학 도서관에 아주 적은 부수만 비치할 정도였습니다. 당시 대학의 도서관에 문의한 결과 "초등학교 교과서는 모든 학생이 이용하기 때문에, 외부 대출을 해주면 다른 학생이 사용할 수 없어서 대출을 허락하지 않았다"라고 했습니다.

이 경우, 대학의 과제를 위해 교과서를 훔친 학생의 잘못에 대해 온전히 학생의 도덕성 문제로만 여겨야 할까요? 누군가는 이렇게 이야기할 것입니다. "어쨌든 책을 훔치는 것은 잘못된 것이고, 해당 과제를 하는 모든 대학생이 도서관에서 책을 훔치는 것은 아니지 않느냐?"라고. 네, 그 생각도 맞습니다. 그러나 도서관에서 학생들이 과제를 할 수 있도록 교과서를 충분히 준비했다면 그 일이 발생하지 않았을 수도 있습니다.

자, 이런 경우에 문제를 어떻게 해결할까요? 학생의 도덕성을 질타하면서 징계하고 마무리할까요? 이렇게 해결하면 문제의 원인이 단순히 개인에게 있기에 개인이 책임을 져야 한다고 보는 것입니다. 그런데 이러한 문제 해결은 사회 구성원들에게 영향을 미치는 제도나 사회 문화와 같은 사회 구조의 힘을 무시하는 것입니다.

사회 구조라는 말의 의미를 같이 보겠습니다. 여러분이 어떤 집에 살다가 이사한 첫날 이전과 달라진 집 구조로 인해 문을 잘못 열기도 하는 경험을 해본 적이 있습니까? 이런 불편한 경험은 이전의 집 구조에 내 행동 습관이 맞추어졌기 때문입니다. 집에서 하는 우리 행동에 집 구조가 영향을 주는 것처럼, 사회생활에도 보이지 않는 다양한 사회 구조가 우리의 의식이나 행동에 영향을 미칩니다. 내가 9시까지 출근하고, 12시에 점심을 먹고, 오른쪽으로 보행하는 등의 일상적 행동은 사실 사회 제도와 같은 사회 구조에 영향을 받은 결과입니다. 이처럼 우리는 모두 일상에서 사회 구조에 영향을 받으며 살아갑니다.

다시 도서관에서 책을 훔친 사례로 가봅시다. 이 경우에 사회 구조적으로 문제를 해결하기 위해서는 어떻게 해야 할까요? 교육대학교 학생이 초등학교 교과서를 쉽게 구할 수 있도록 제도를 변경해야겠지요. 그래서 초등학교에서 해가 바뀌면 버리는 교과서를 가져와서 학생회관에 배치하여, 교육대학교 학생들이 쉽게 교과서를 사용할 수 있도록 교과서 이용 구조를 변경했습니다. 최근에는 개인들이 쉽게 교과서를 구매할 수 있게 하였고요. 이처럼 문제를 해결하는 것은 사회적 환경이나 제도를 바꾸는 것이고, 바로 사회 구조적으로 문제를 해결한다고 이야기합니다.

인권 문제에 대해서도 마찬가지입니다. 예를 들어 사회 불평등 문제를 다룰 때, 불평등 상황에 놓여 있는 개인의 게으름과 같이 개인적인 측면보다 사회적 측면에서 그 불평등이 나타났을 가능성을 살펴보아야 합니다. 그리고 사회적으로 그런 불평등을 없앨 방안을 검토하도록 요구하는 것이 인권 교육에서는 중요합니다.

인권을 알리는 특별한 방법

자, 지금까지 인권 교육의 특성을 다양한 측면에서 살펴보았습니다. 그러나 이런 인권 교육의 특성을 충분히 이해하면서도 학교에서 인권 교육을 제대로 하지 못하는 경우가 있습니다. 이 경우에 우리는 선생님 개인의 잘못이라고 보지 말고, 우리 사회의 구조적 측면에서 그 이유를 파악해야 합니다. 사회 구조적 측면에서 우리나라의 학교에서 제대로 된 인권 교육을 하기 힘든 이유를 살펴봅니다.

첫째 이유는 우리나라 학교 교육과 관련한 법에서 강조하는 '교사의 정치적 중립성'과 관련하여 생각해야 합니다. 사실 우리나라에서 위에서 말한 인권 교육의 특징을 반영한 수업을 하기가 쉽지 않습니다. 바로 선생님들에게 요구하는 정치적 중립 때문입니다. 대한민국 헌법 제7조 2항에서는 "공무원의 신분과 정치적 중립성은 법률이 정하는 바에 의하여 보장된다"라고 되어 있습니다. 이와 관련하여 학자들은 '교사 등의 공무원을 특정 정권의 요구로부터 방어하고 보호하려는 조치'라고 보기도 하지만, '교사들 또한 시민으로서 정치적 의견이 있는데 이를 막는 조치'라고 보기도 합니다.

정치적 중립을 강조하는 이유가 무엇이든, 선생님들은 특정 정당 정책과 관련이 있는 인권 문제나 주장을 수업에서 다루면 정치적 중립을 어기는 것이 아닌지를 걱정하여 아예 수업에서 배제하는 선택을 하는 경우가 있습니다. 문제는 인권 교육에서 다루는 학생의 일상이나 경험과 관련한 인권 상황이나 인권 문제의 경우, 대부분 특정 정당의 정책과 관련한 경우가 많다는 점입니다. 정치적 중립이 족쇄로 작동하여 사회 현안으로 중요하게 논의되는 인권 문제를 인권 교육에서 다루지 못하는 문제를 해결하기 위해서는 관련 조항을 없애는 것이 필요한데, 헌법 개정이 쉽지 않다는 점에서 이를 근본적으로 해결하기가 어렵습니다.

다만 현재의 관련 법률 속에서 할 수 있는 방법을 찾아야 합니다. 교사의 정치적 중립을 고려하면서 인권 교육 수업을 하는 가장 안전한 방법은, 교육 과정에 근거하여 교과서에 제시된 내용으로 수업하는 것입니다. 교육 과정 측면에서 보면 사회나 도덕 등의 성취 기준에서 인권 관련 내용을 다루고 있어서 이를 활용하면 됩니다.

또한 우리나라 국가 수준 교육 과정에서는 범교과 학습 주제로 인권 교육을 제시하고 있어서, 인권 문제나 인권 상황을 교육 내용으로 다루는 것이 가능합니다. 다만 이 경우에는 교사가 직접적으로 특정 정당이 주장하는 정책을 학생에게 강요하거나 강조하는 수업을 해서는 안 될 것입니다. 가장 좋은 방법은 해당 주제를 학생들이 토론하게 하는 등 학생 중심 수업을 하는 것이 좋겠지요. 현행법을 고려하면, 교사가 특정 정당 관련하여 구체적이고 직접적으로 의견을 제시하는 것은 경계하는 것이 좋습니다.

인권 교육의 특성을 알고 있음에도 제대로 수업을 하기 어려운 두 번째 이유로 인권 문제와 관련한 수업에 참여한 학생이 가정에 가서 경험한 수업 이야기를 하고, 그것을 들은 보호자 등 관련자들이 제기하는 민원 문제를 고려할 수 있습니다. 선생님들에게 민원은 사실 큰 고통입니다. 그래서 종종 "학생의 인권만 보호하고, 교사의 인권은 보호받지 못한다"라는 하소연을 합니다. 선생님들 대부분이 이를 잘못된 인식이라고 생각할 것이며, 학생 인권과 교사 인권이 대립적이라고는 생각하지 않을 것입니다.

그렇다면 인권 수업에서 민원과 관련하여 어떻게 대응할지 생각해봅시다. 사회가 다원화되면서 다양한 사람들이 살아가고 국민 대다수가 자녀의 교육에 관심이 큰 우리 사회에서, 학부모의 민원은 인권 문제만이 아니라 어떤 내용을 다루더라도 발생할 수 있습니다. 다만 어쩔 수 없이 발생하는 민원에 대응하는 가장 좋은 방법은 그 수업 내용이 교육 과정에 근거한 것이라는 점과 그러한 수업이 해당 교육 과정에서 지향하는 정책에 따른 것이라는 점을 알리는 것입니다.

즉, 앞에서 설명한 대로 수업에서 다룬 인권 내용은 교육 과정에 성취 기준이나 범교과 학습 주제로 들어 있다는 점을 강조하고, 더불어 2022 개정 교육 과정 관련 정책 문서에서 학생 주도성을 강조하는 점, 그리고 토론이나 사회 변화 제안 등의 활동과 관련한 사항이 나이스^{NEIS, 교육행정정보시스템}에 학생 주도 활동으로 기록되어 궁극적으로 학생의 진로에 도움을 준다는 점도 강조할 수 있습니다. 이런 것까지 고려하면서 인권 교육을 해야 하는 상황이 조금 서글프기는 하지만, 현재 상황에서는 가장 적절한 방안이 될 것입니다. 교육 환경이나 정책, 교수 방법의 변화를 이해하지 않고 예전에 자신이 학생이었을 때의 수업 방법을 고수하도록 민원을 넣는 학부모들에게는 이처럼 설득하는 것이 가장 좋은 방법이기 때문입니다.

그런데 이런 외부의 조건이나 문제로 인해서가 아니라, 교사 스스로 인권 교육을 준비하면서 인권에 대해 다양한 상황을 고려하지 못해서, 인권 수업이 제대로 진행되지 못하는 문제도 종종 발생합니다. 다음의 경우를 같이 봅시다.

첫째, 인권 교육을 하면서 해당 수업에서 초점을 둔 권리 이외 다른 권리를 충분히 고려하지 않아서 생기는 문제입니다. 예를 들어 초등학교에서 어떤 선생님이 인권 교육의 한 측면으로 교과서에 나와 있던 양성평등 교육을 실시하였습니다. 이 선생님은 수업을 준비하면서 "아빠와 학생이 함께 가정일을 하는 영상을 찍어서 보내주면 그것으로 해당 수업을 하겠다"라고 알림장에 알렸습니다.

문제는 엄마와 자녀로 이루어진 한부모 가정에서 이에 대해 선생님께 문제 제기를 한 것입니다. 어떤 문제를 제기하였을까요? 네. 맞습니다. 엄마와 살고 있는 한부모 가정에서 이를 할 수 없었기 때문입니다. 민원을 제기한 해당 보호자도 선생님의 수업 방향과 의도를 충분히 알았기에 그냥 넘어갈까 하다가, 의견을 제시한 것이었습니다.

이 사례에서 선생님은 '양성평등'이라는 인권의 한 부분을 강조하는 수업 설계를 하다 보니, '가족 다양성'이라는 인권의 다른 부분을 고려하지 않아서 수업 운영에 어려움이 나타났습니다. 이를 고려하면, 인권 교육 수업으로 준비한 활동이나 내용에서 누군가의 인권 침해 문제가 나타나지 않는지를 다양하게 점검해보아야 합니다. 그런 점에 인권 교육을 하는 선생님의 인권 감수성이 필수적입니다. 최근에 예비 교원이나 현직 교원을 대상으로 인권 감수성을 기르는 교사 대상 인권 교육을 하자고 하는 이유도 바로 이것 때문입니다.

이런 사례를 듣고, "아, 인권 교육 잘못하면 큰 문제가 생기는구나"라며 그만두어야겠다는 생각은 하지 마시기 바랍니다. 이런 경우를 예방하기 위해, 선생님 혼자보다는 몇 명의 동료와 같이 인권 및 인권 교수법 등을 공부하면서 스스로 인권 감수성을 기르는 방법을 찾아야 합니다. 근무하는 학교나 근처 다른 학교에 근무하는 동료 교사들과 연구 공동체 모임을 만드는 것도 좋습니다. 그렇게 하면서 인권 감수성을 키워나가면 됩니다. 문제가 있다고 포기하는 것이 가장 문제입니다.

둘째, 또 다른 경우도 생각해보죠. 인권을 가르칠 때, 지식 위주의 기존 방법을 적용한 수업을 하면 문제가 생길 수 있습니다. 우리나라 선생님들의 교수 역량은 매우 탁월하지만, 문제로 지적받는 것이 지식 위주의 설명입니다. 그런데 이건 교사 개인의 문제가 아니라 우리나라 학교 제도의 평가 방법이나 교과서 내용으로 인해 어쩔 수 없이 나타나는 결과입니다.

그럼에도 지식 전달에만 초점을 둔 이런 형태의 수업 방법으로는 제대로 된 인권 교육을 하기 어렵습니다. 예를 들어 인권 교육의 한 내용으로 혐오 표현의 문제를 다루는 경우를 봅시다. 기존의 지식 전달형 교사 중심 수업에 따라서 수업한다면, 다음과 같이 수업 설계를 할 것입니다. 먼저 혐오 표현의 의미와 사례를 설명하고, 혐오 표현의 문제점과 피해자의 고통에 대해 파악한 후 혐오 표현에의 법적 처벌에 대한 찬성과 반대에 관한 각 주장이 있다는 것을 제시할 것입니다.

이렇게 진행되는 수업에서 학생은 일상에서 혐오 표현의 문제점을 제대로 배우고 인권 감수성을 가지고 우리 사회의 혐오 표현을 바라보게 될까요? 어쩌면, 교사의 수업 의도와 달리 하지 말라는 혐오 표현 자체를 배우게 되는, 잘못된 인권 교육이 이루어질 수도 있습니다.

인권 감수성을 기르는 토론 수업

앞에서 우리는 인권 교육에서는 인권 관련 지식보다는 인권 감수성을 길러주기 위한, 학생의 경험을 고려하여 사회 구조적 측면까지 생각하게 하는 수업 방법을 적용해야 한다는 점을 배웠습니다. 이러한 점을 적용하여, 현재 우리의 인권 교육 수업에서 나타나는 한계나 문제를 극복하는 수업 방법을 세 가지 정도 소개하겠습니다.

첫째는 인권 주제에 대해 숙의형 토론을 하는 방법입니다. 일반적으로 숙의형 토론은 학생들이 찬반 주제에 대해 깊이 있게 관련 사항을 공부한 후 이를 바탕으로 토론하는 데, 이 점에서 학생 중심의 협력적 수업 방법입니다. 숙의형 토론 과정에서 학생들은 찬성과 반대 토론자 역할을 다 해보고, 토론 후에 사회적 합의 방안을 만장일치로 결정하는 것을 실제로 해볼 수 있어서 기존의 대립형이나 경쟁형 토론과는 세부 절차에서 차이가 있습니다.

숙의형 토론은 오늘날 우리가 미디어의 알고리즘을 따라 시청하면서 특정 생각을 강화시키는 현상인 확증 편향을 없애는 데에 큰 도움을 줍니다. 확증 편향이 강한 사회에서 구성원들은 인권 문제를 토론하더라도 인권 감수성을 바탕으로

왜 우리는 차별과 혐오에 지배당하는가?

이해하지 않으려는 경향이 나타납니다. 청소년 시기에 이런 경향이 더 크게 나타날 수 있습니다. 이를 해결하기 위해서는 자신의 편향된 의견만이 아닌 다른 의견이 존재하고, 그것이 나름대로 의미 있는 것임을 이해하게 해야 합니다. 이를 위한 역할을 하는 것이 숙의형 토론입니다.

그런데 선생님 중에 인권 문제와 관련한 주제를 토론하는 수업을 하는 경우, '학생이 반인권적인 결론을 내리면 어떻게 하지?' 하는 고민을 할 수 있습니다. 이는 토론 주제를 잘 정하는 것으로 해결해야 합니다. 일단 숙의형 토론 과정을 살펴보기 전에, 인권 측면에서 토론할 수 있는 주제와 토론해서는 안 되는 주제를 구분해봅시다. 예를 들어 "동성애를 인정해야 하는가?"라는 것은 개인의 정체성과 관련한 문제로서 인권 관점에서 볼 때 누군가의 인정이 필요한 사항이 아닙니다. 그래서 이런 질문을 토론 주제로 설정해서는 안 됩니다. 반면, "비정규직 임금을 정규직 임금과 동일하게 적용해야 하는가?"와 같은 경우에는 인권 관점을 적용해서 사회 구조적 측면의 변화가 필요한지를 다루는 것이기에 토론 주제로 설정할 수 있습니다.

이 경우에 반대 의견이 나오는 것은 현재 상황을 유지하는 것이며, 찬성 의견이 나오는 것은 사회를 변화시키자는 것입니다. 만약에 학생들이 관련 자료를 충분히 읽고 숙의형 토론을 한 후에 비정규직 임금을 그대로 두어야 한다는 결론에 머물러 있으면 인권 친화적 의사 결정으로 나아가지 못한 것으로 생각해야 합니다. 그러나 이런 결론에 도달한 학생들도 숙의형 토론을 통해서, 최소한 다음의 사항은 알게 되는 것입니다. 즉 비정규직 임금이 차별적이라는 점과 인권 차원에서 사회적으로 개선해야 할 문제라는 것과 그러한 주장에 대한 다양한 논리적 근거가 있다는 것을 이해하는 계기가 될 것입니다. 다음에 비정규직 임금 문제를 이야기한다면 생각이 조금 달라질 수 있을 것입니다. 그런데 조금 더 섬세한 토론 장치를 사용하면 학생들이 인권 관점을 고려하면서 토론할 수 있을 것입니다. 세부 절차를 같이 볼까요.

인권 관점을 적용하여 토론 주제를 정했다면, 선생님은 학생이 해당 토론에서 개인 차원이 아니라 사회적 책무성을 가지고 토론할 수 있는 상황을 만들어주는 것이 좋습니다. 예를 들어 "여러분은 이 토론 주제를 해결할 특별위원회의 위원입니다. 여러분의 결정은 사회의 많은 분에 영향을 미치는 것이기에 책임감을 갖고 관련 지식을 충분히 잘 파악하여 토론하고 결론을 내리시기 바랍니다"와 같은 설명을 하면 됩니다.

그리고 학생 네 명씩을 한 모둠으로 만들고, 모둠 내에서 다시 두 명씩 한 팀을 정해서 찬반 역할을 나눕니다. 이때 개별 학생의 찬성과 반대 선호를 고려하지 말고 제비뽑기로 찬반 역할을 정해줍니다. 그리고 해당 주제에 대한 찬성과 반대 의견 자료를 충분히 읽고 해당 주제를 상세하게 이해하도록 합니다. 이를 위해 선생님은 찬성과 반대 관련 다양한 자료를 미리 찾아서 학습 자료로 구성하고 관련 학습지도를 만들어 학생에게 제공해야 합니다.

학생들은 자료를 바탕으로 충분히 공부한 후에 각자 맡은 찬반 역할에 따라 1차 토론을 합니다. 한 모둠 내에서 찬성과 반대를 맡은 각각의 두 명이 합심하여 상대 팀과 토론하면 됩니다. 그 후 역할을 바꿉니다. 찬성은 반대로, 반대는 찬성으로 바꾸는 것입니다. 더불어 해당 자료에 자료를 추가하여 찬성과 반대 자료를 다시 공부합니다. 추가 자료는 선생님이 준비해도 되고, 수업에서 시간적으로 여유가 있다면 학생들에게 조사하게 해도 됩니다. 다시 행한 공부를 기반으로 역할을 바꾼 상황에서 2차 토론을 합니다. 2차 토론에서 학생들은 1차 토론에서 했던 것을 반복하는 경우도 있고, 더 발전된 내용을 제시하는 경우도 있습니다. 어떤 경우든 상관없습니다.

2번의 토론이 끝나면, 이제는 학생들이 각자 자신의 주장을 이야기합니다. 그리고 만장일치로 합의안을 만들어 제출하도록 합니다. 합의안에서 다수결은 안 된다고 해야 합니다. 일반적으로 민주주의 의사 결정의 한 방법으로 배우는 다수결은 소수의 의견을 반영하지 않는다는 점에서 좋은 의사 결정 방법이 아닙니다. 특히 인권 주제를 다루는 토론에서는 다수결을 적용하지 않는 것이 좋습니다. 합의가 안 되면 그 상태를 보고서에 그대로 제시하게 합니다. 모둠별로 합의된 의견에 도달하지 않고 토론을 끝내도 됩니다. 정해진 시간에 쫓기면서 급하게 결정하는 것보다, 다음 기회에 또 다른 자료를 더 확인한 후에 토론하고 의사 결정을 해도 됩니다.

이런 과정을 거친 후 해당 토론을 통해 새롭게 알게 된 점, 인권 측면에서는 어떤 것을 중요하게 여겨야 하는지, 합의 과정에서 사회적 약자나 소수자의 관점을 반영하려고 하였는지 등에 대해 개인 몇 명에게 발표하도록 합니다. 이러한 숙의형 토론 수업 적용에서 중요한 것은 해당 주제와 관련하여 선생님이 특정한 한쪽의 의견을 강조하거나 강제해서는 안 된다는 점입니다. 만약에 학생들이 생각지도 못한 반인권적인 합의안을 제시한다면, 이런저런 측면에서 그 내용은 인권적으로 문제가 될 수 있어서 다시 생각해보아야 한다는 점만 정리해주시면 됩니다. 언제 기회가 된다면 공존형 토론 수업에 관한 책이나 보고서를 찾아서 공부하신 후에 실제로 여러분의 수업에 적용해보시길 바랍니다.

둘째, 사회 참여 프로젝트 수업입니다. 이 수업은 학생이 자신의 일상에서 인권 문제를 파악하고 이를 개선하는 협력 활동을 프로젝트로 행하는 것입니다. 활동 시간이 아주 많이 소요되지만, 학생들이 인권 문제 해결을 위해 연대하면서 사회 참여 행위를 배울 수 있는 좋은 수업 방법입니다. 4~5명 정도가 한 모둠을 이루어 프로젝트 활동을 해도 되고, 학급 전체가 한 팀이 되어 활동해도 됩니다.

이 수업은 어떻게 하는 걸까요? 먼저 학생들에게 일상에서 인권 문제라고 생각하는 것을 스스로 찾아보게 합니다. 그 후 왜 인권 문제인지 토의하게 하고, 그 문제와 관련한 확대된 당사자들, 즉 그런 문제를 경험할 수 있는 다수의 사람에게 그것이 인권 문제인지에 대해 동의를 구하는 절차를 밟도록 요구합니다. 예를 들어 대학교의 근로 장학금이 최저 임금에 미치지 못해서 이를 개선하는 사회 참여 프로젝트를 하려는 경우에, 재학생을 대상으로 해당 문제가 인권 문제인지 확인할 수 있습니다. 학생회관 근처에 해당 문제가 인권 문제인지 찬반 스티커로 의견을 묻는 것입니다. 여러분이 근무하는 학교 학생들에게도 이와 유사한 방법으로 인권 문제를 확인하도록 해야 합니다. 만약 이렇게 했는데, 그것이 개선해야 할 인권 문제가 아니라는 반응이 나오면 그것을 수정하여 더 정확한 인권 문제로 만들거나 새로운 인권 문제를 다시 찾아야 합니다.

개선해야 할 인권 문제가 정해지면, 이제 관련 정보와 근거를 바탕으로 그 문제가 인권 문제라는 점을 보고서로 작성하게 합니다. 당연히 관련 정보와 지식을 찾아서 근거로 제시하게 해야 합니다. 예를 들어 "근로 장학금을 위한 활동은 장학금을 위한 활동인가? 최저 임금을 적용할 수 있는 노동 행위인가?" 등에 관해 분석해야 합니다. 보고서 작성 과정에서는 문제 해결 방안도 조사하고, 어떤 절차를 거쳐 해결해야 하는지도 파악하도록 합니다. 이때 모둠원이나 학급 전체 학생들이 토의하면서 자료를 만들게 합니다.

그런 후 해당 인권 문제를 해결할 담당자와 약속을 정해서 해결 방안에 대해 의견을 제시하게 합니다. 만약 그 문제가 학교 내 부서와 관련된 것이라면 해당 부서를 방문해야 하고, 학교 외부 기관이라면 해당 기관의 게시판 등에 의견을 올리는 것부터 시작해야 하겠지요. 더 나아가 해당 문제를 다른 사람들에게 홍보하거나 참여시키기 위한 1인 시위 등의 시민 참여 방법도 고려해보도록 하여, 학생들이 사회 참여의 실제적인 방법을 익힐 수 있습니다. 그리고 사회 참여 개선 활동을 한

과정과 결과 등을 잘 정리하여 전체 앞에서 발표하게 합니다.

이 수업에서는 선생님이 사회 참여 과정과 절차를 알려주면 학생 스스로 주도하여 실제 참여 활동을 하는 것이 핵심입니다. 학생 스스로 인권 문제 인식과 해결 방안을 파악하고, 문제 해결에 참여하면서 시민적 효능감을 직접 체험하는 것이 이 수업의 주된 목적입니다. 이런 수업은 많은 선생님이 수행하고 그 사례를 온오프라인에 제시하고 있기에, 다양한 수업 사례를 책이나 인터넷 자료에서 찾을 수 있습니다. 사회 참여 프로젝트 수업이 처음이라면 관련 자료를 찾아보시고, 동료 교사들과 같이 연구하신 후에 적용하시기 바랍니다.

마지막으로 세 번째 수업 방법을 알려드리겠습니다. 이 방법은 인권과 관련하여 직설적으로 관련 지식을 가르치지 말고, 학생들이 비유와 유추의 방법으로 인권 문제를 경험한 후 사회 구조적 측면에서 그 문제를 스스로 인식하도록 하는 방식입니다. 이 방식을 적용한 인권 교육 사례는 거의 개발되어 있지 않아서, 제가 알려드리는 것을 고려하면서 선생님들이 추가로 연구해보셔야 합니다. 저도 앞으로 이 부분을 더 연구해보겠습니다.

사회 불평등의 어떤 사례를 다루면서, 문제 해결에서 사회 구조적 인식을 하도록 교육하는 경우를 봅시다. 선생님이 이를 아무리 잘 설명해도 학생은 이해하지 못할 수 있습니다. 사회생활 경험이 많지 않은 학생 입장에서는 사회 불평등이 개인 문제가 아니라 사회 구조적 문제라는 것을 파악하기가 쉽지 않기 때문입니다. 이 경우에 사회 구조가 개인의 삶에 영향을 미치는 상황을 게임 형태로 구성하여 해당 게임을 한 후, 학생들이 토의하여 스스로 사회 구조적 측면을 발견하도록 문답법을 적용하는 수업을 해보는 것이 가능합니다.

예를 들어 보겠습니다. 우리 사회의 직업 선택에 사회적 편견이 반영되어 있다는 것을 가르치는 경우를 봅시다. 학생 자신이 원하는 직업을 적어보게 하고, 그것은 잘 모아둡니다. 그 후 교사가 학생들이 선택하지 않을, 즉 사회적으로 선호하지 않는 직업 (가능하면, 우리나라에서는 선호하지 않지만 다른 나라에서는 긍정적으로 평가받는 몸을 써 일하는 직업) 하나를 적은 쪽지를 학생 수만큼 만들어서 모든 학생에게 나누어줍니다. 그런 후 학생들에게 "여러분이 받은 직업"과 관련하여 짝과 10번의 질문을 주고받으면서 서로의 직업을 파악하라고 합니다. 이때 질문을 받으면 해당 직업의 좋은 점은 부각해서 답변하고 부정적인 점은 감추면서 답변할 수 있다고 합니다. 다만 거짓말을 해서는 안 되고 약간 돌려서 말하며 감추는 것은 가능하다고 안내합니다.

해당 게임이 끝난 후에 서로의 직업을 보여주고, 맞춘 경우가 있는지 알아봅니다. 거의 맞추지 못할 것입니다. 학생들이 해당 직업에 대해 많이 감추려고 했기 때문입니다. 서로에게 해당 직업이 적힌 쪽지를 보여주라고 합니다. 이때 선생님은 "이 게임은 어떤 직업에 대한 우리 사회의 편견을 파악하기 위한 것입니다. 여러분은 해당 직업에 대한 무엇인가를 숨겼는데, 어떤 점을 숨기려 했는지 살펴볼까요?"라고 하면서, 학생들이 숨기려고 한 것을 정리합니다.

그런 후 다시 "그런데 여러분은 해당 직업의 좋은 점을 여러 가지 이야기했습니다. 그것도 같이 정리해볼까요?"라며, 좋은 점도 정리합니다. 이를 정리하면서 해당 직업이 사회적으로 의미 있는 직업이라는 것을 부각하여, 해당 직업에 대한 편견을 학습하지 않도록 유의해야 합니다.

그 후 "여러분이 그 직업의 부정적인 모습이라고 생각한 것은 어떻게 알게 되었을까요?", "해당 직업의 부정적인 모습을 다른 사람에게 숨기려 할 때 어떤 점이 힘들었나요?"와 같은 질문을 하여 학생들의 이야기를 듣습니다. 이를 통해 사회적으로 선호하지 않는 어떤 것을 숨기려고 애쓰는 사람들의 힘들고 고통스러운 마음을 학생들이 이해하도록 합니다. 그리고 해당 직업의 부정적인 인식이 개인적으로 형성된 것이 아니라 사회적 영향을 받아서 형성되었다는 것, 즉 학생 자신의 경험이 아니라 방송 내용이나 부모님의 인식 등에 영향을 받은 결과라는 점을 알게 해야 합니다.

이때 해당 직업이 다른 나라에서 긍정적으로 평가받는 사례를 찾아서 제시해주면 좋습니다. 이를 통해 결국 어떤 직업에 대한 평가는 그 직업 자체가 아니라 사회적으로 결정되는 것임을 학생들이 알게 하는 것입니다. 수업 활동을 마무리하면서, 직업은 모든 사람이 자신의 적성과 능력을 고려하여 일상 삶을 풍요롭게 하는 일이며, 그래서 모든 직업이 존중되어야 한다는 점을 정리합니다. 그 후 학생이 처음 적은 직업에 대해 정말로 자신이 원하는 직업인지, 사회적 편견을 반영한 선택인지를 스스로 판단해보게 합니다.

이 수업 예시는 제 머릿속에 존재하는 이론이어서 여러분이 잘 다듬어서 실제 수업에 적용해보시면 좋겠습니다. 더 나아가 다른 인권 주제와 관련해서도 게임 상황에서 인권 문제를 파악하도록 하는 은유나 비유를 담은 수업을 만들어보기 바랍니다.

자, 이제 마쳐야 할 것 같습니다. 저는 오늘 여러분과 다양한 측면에서 실제로 학교에서 할 수 있는 인권 교육의 특성과 한계, 이를 극복하는 수업 방안과 예시를 여러분에게 알려드렸습니다. 오늘 여기서 나눈 인권 교육의 수업에 관심이 있으시면 더 많은 자료를 찾아서 동료들과 같이 준비하여 수업해 보시길 권장합니다.